任何人类活动都包含两个基本层面：务实和务虚。作为（或者自认为）有思想的高级动物，人类在进行各类活动的同时，总是喜欢并试图去思考和理解行动本身或背后的意义，通常由于利益和兴趣的驱使，也可能因为审美或世俗的考虑，有时纯粹就是为了满足所谓的求知欲，要刨根问底，也有时习惯性地要求干什么都得有个说法，要弄清道理。无论如何，人活着，就得有意义。

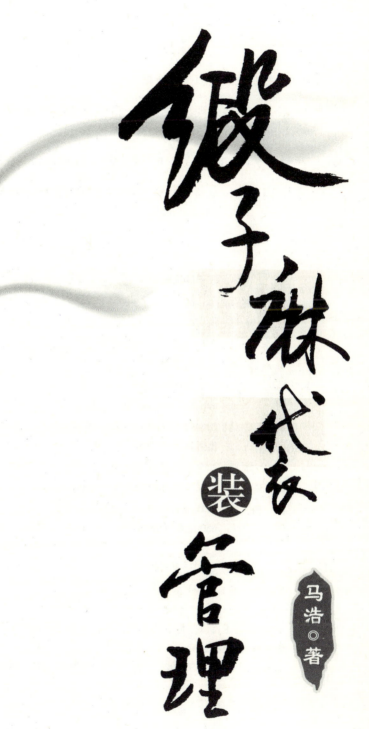

锻子麻代表装管理

马浩 ◎ 著

北京大学出版社
PEKING UNIVERSITY PRESS

图书在版编目(CIP)数据

缎子麻袋装管理/马浩著.—北京：北京大学出版社,2006.1
ISBN 978-7-301-10377-7

Ⅰ.缎… Ⅱ.马… Ⅲ.管理学—通俗读物 Ⅳ.C93-49

中国版本图书馆 CIP 数据核字(2005)第 150590 号

书　　　名：缎子麻袋装管理
著作责任者：马　浩　著
责 任 编 辑：张　燕
标 准 书 号：ISBN 978-7-301-10377-7/F·1341
出 版 发 行：北京大学出版社
地　　　址：北京市海淀区成府路 205 号　100871
网　　　址：http://www.pup.cn
电　　　话：邮购部 62752015　发行部 62750672　编辑部 62752926
　　　　　　出版部 62754962
电 子 邮 箱：em@pup.pku.edu.cn
印　刷　者：北京飞达印刷有限责任公司
经　销　者：新华书店
　　　　　　650 毫米×980 毫米　16 开本　14 印张　169 千字
　　　　　　2006 年 1 月第 1 版　2008 年 1 月第 2 次印刷
印　　　数：10001—13000 册
定　　　价：29.00 元

未经许可，不得以任何方式复制或抄袭本书之部分或全部内容。
版权所有，侵权必究
举报电话：010-62752024　电子邮箱：fd@pup.pku.edu.cn

献给洁鸥与祥鹤
满怀爱与希望

**To Emily and David
with Love and Hope**

前 言

什么是管理学？说实在话，在如今这年月，这的确是一个显得非常较真儿，但又是终极错误的问题。正确的问题大抵应该是：什么不是管理学？

您不妨到各类书店走走看看，在管理和管理学的名义下进行的白纸黑字的买卖，每天都在热火朝天中结结实实地发生。世事洞明皆商道，人情练达通管理。管理学被打磨得红得发紫，紫里透青，仿佛一只青缎子麻袋，外观精美雅致，质地柔韧皮实，胸怀宽厚仁慈，度量硕大无极。缎子麻袋，再漂亮，终究只是麻袋而已。什么杂货都可以往里扔，一点儿都不稀奇。

是不是因为管理学的门槛儿低，谁都能进来踢腾？没错。但好像也不完全因为这。统计学发展年头不短了，算得上是硬学科了吧？有统计名师如是说："如果你把数据折磨拷打得时间足够长久，它将会对任何事情招认画供。"敢情，弄了半天，统计学也是想什么，就是什么，什么都行。

既然连统计学都这么"忠厚老实"了，管理学就别装什么正经了。凭什么不让大家众人拾柴火焰高？仨皮匠就顶一诸葛亮，四个皮匠出场，还不得立马儿让诸葛亮歇菜下岗？这真是激动人心的时代呀?！攒本书，就是××理论第一人；参加个会，就是全国十大××者之一。简直太棒了！

既然管理学是个麻袋,那咱也别闲着,有啥东西就往里装吧。至少,装进去的东西跟管理学和组织管理或多或少地还都能沾上边儿不是。当然,顺便掺进点儿所谓有感而发、杂陈己见、说东道西、不着边际什么的,也算不上什么路线性错误。装着,装着,一看,嘿,这麻袋满了。扛出去,卖!

　　于是,就有了您手上的这本书——《缎子麻袋装管理》。

目 录

管理决策话实虚 /1

- ◎ 金表拥抱摇摇椅：管理的务实与务虚 /3
- ◎ 在堡垒中战斗：哪路神仙有资格参与？ /10
- ◎ 骑驴说驴：有关"定义问题"的问题 /14
- ◎ 解析创业过程：在 4P 中驰骋 /20

缎子麻袋装管理 /25

- ◎ 蓦然回首：管理学在边缘处遭遇交叉 /27
- ◎ 大学的灵魂与企业的自尊 /31
- ◎ 大师不是一个职业：悼德鲁克 /35
- ◎ 为什么引火烧身者出自管理系？ /42
- ◎ 商学院的终结？ /47
- ◎ MBA：你说到底有多神奇？ /52

那几许蔚蓝色甚是令人痴迷 /57

- ◎ 战略管理：游走于独特性与合法性之间 /59
- ◎ 我们到底是吃哪一路的？ /64
- ◎ 那几许蔚蓝色甚是令人痴迷 /67

- ◎ 与其甩脱对手，不如拥抱顾客 /72
- ◎ 多点竞争：骚扰与忍让都不可能进行到底 /77

俺有品牌俺有荣誉 /83

- ◎ 文化的使者，城市的名片 /85
- ◎ 敬业是一种境界 /89
- ◎ 从卖烧饼说开去 /96
- ◎ 从劳模征婚看品牌效应 /102
- ◎ 从战略高度看品牌
  ——《品牌大未来》序 /106

系列述评：向三高学管理 /111

- ◎ 引言：风景这边独好 /113
- ◎ 精彩回放：三大男高音，一路唱到银行 /115
- ◎ 赢-赢联盟与独特卓越的价值提供 /119
- ◎ 超级强势品牌的创建和管理 /125
- ◎ 结语：与对手合作的启示 /131

有感而发：说东道西 /135

- ◎ 做人要实在 /137
- ◎ 只要你过得比我好 /141
- ◎ 惊诧于有关环保的欺人与自欺 /146
- ◎ 好人与坏蛋：几分糊涂几分迷 /152
- ◎ 其实谁都不容易 /157

牢骚·抬杠·断想·花絮 /163

- ◎ 请您想入非非 /165
- ◎ 只为那栏杆和沟的记忆 /167
- ◎ 为什么非要老拿分数说事儿？ /170
- ◎ 说不清什么叫断想，哪些是花絮 /175
- ◎ 在梦里 /186

后　记 /207

作者简历 /211

锻子麻袋表装管理

管理决策话实虚

- 金表拥抱摇摇椅：管理的务实与务虚
- 在堡垒中战斗：哪路神仙有资格参与？
- 骑驴说驴：有关"定义问题"的问题
- 解析创业过程：在4P中驰骋

警視廳策定交通

金表拥抱摇摇椅：管理的务实与务虚

任何人类活动都包含两个基本层面：务实和务虚。作为（或者自认为）有思想的高级动物，人类在进行各类活动的同时，总是喜欢并试图去思考和理解行动本身或背后的意义，通常由于利益和兴趣的驱使，也可能因为审美或世俗的考虑，有时纯粹就是为了满足所谓的求知欲，要刨根问底，也有时习惯性地要求干什么都得有个说法，要弄清道理。无论如何，人活着，就得有意义。

人类活动，在如火如荼、实实在在地进行之时，也就是名义、标签、目的、动机、说法、借口、理由、意义等大肆渲染、此起彼伏之机。于是，虚中有实，实中见虚，虚助实行，实亦强虚，虚实并进，往复交替。在实与虚的与时俱进中，一幕幕精彩的故事得以上演，一代代多姿的百姓生生不息。有人清清楚楚地活着，有人浑浑噩噩中死去，有人明明白白地痛苦，有人糊里糊涂地欢喜。生命在传承，生活在继续。同是一番人生世事，不同的人，感受的是不同的意义。

行动一旦被赋予某种意义，行动也就不再是简单的行动，它便融化到了某种信号体系中去，具有典范的作用，成为以后行动的依据，或者神圣、崇高、美好、壮丽，比如"不为五斗米折腰"、"饿死事小，失节事大"、"只有首先解放全人类，才能最后解放自己"、"宁要社会主义的草，不要资本主义的苗"、"若为自由故，（生命、爱情）二者皆可抛"、"辛苦我一个，幸福千万家"、"高举民族工业大旗"、"抵制日货";或者恶劣、龌龊、无耻、不义,比如"为富不仁"、"资本家的乏走狗"、"走白专道路"、"叛徒绝没有好下场"、"浪费是极大的犯罪"、"把自己的幸福建立在别人的痛苦之上"、"只许州官放火,不许百姓点灯"、"过分的谦虚就是骄傲"、"口是心非",等等。

当一个活动被赋予了某种意义以后,人们才决定是否全身心地投入,是否本能地抗拒。抑或不疼不痒,无动于衷,抑或阳奉阴违,表里不一;或是嘴上说好,而实际不动,或是干得欢实,而只字不提;要么鼓励别人积极行动,自己袖手旁观,要么自己当仁不让,他人根本没有机会参与。因此,意义既是诱导和引发行为的秘密,同时也是阻止和抵消行为的利器。

而对意义本身以及意义形成和作用过程的管理、控制和操纵就是务实背后的务虚。"务"显然带有"谋"的色彩、"管"的含义,是某种"主动"的姿态,是某种"有预谋"的筹划和诡秘。而"虚"就是"实"背后强大的符号体系,是在社会组织中广泛共享和通行的"意义"。"务虚"就是去运作这种意义的营造、维持、传播、修正和监控体系。

管理,恰恰就是这样一种特定的人类活动。务实,就是要让人们扎扎实实地干事儿,达到组织的目的;务虚,就是让人们在卖力的同时觉得自己的所作所为很值得,非常有意义。我的同行和朋友项保华教授将管理(尤其是战略管理)归结为"让人们心情愉快地用正确的方法去做正确的事情",这无疑道出了管理的真谛。我非常赞同这种说法。这一定义不仅关照了组织管理的目标导向性——做正确的事情(有效力),以及资源配置和组织过程的优化——用正确的方法办事(有效率),而且很好地兼顾了组织对任务的重视和对人的关怀。这两个通常是此消彼长、难以协调和平衡的,是对组织管理者和管理研究者构成持久挑战的两大重要课题。

当然,这并不一定就是说,"管任务"是务实,"对付人"是务虚(虽然很多情况下的确如此),而实际上,无论是管人还是管事,都可能包括务实与务虚的成分。要把事儿办成,需要通过"务虚"调动人的积极性,给人以足够的象征性理由和激励;而要让人心情舒畅地做事,就不能只"玩虚"。靠复杂和强大的符号体系去鼓励、指使、怂恿或蒙骗他人做对自己不利的事情,或根本违反人的利益的事情,是不可能长期持久的。长期而言,利益是人的行动的根本驱使力。在利益面前,谁都不傻,一切虚,终究只是那样,虚。在人们的基本利益得不到尊重、保护、满足和增进的情况下,任何面上的、流行的符号和意义都会显得多余、滑稽而具有讽刺意义,根本抵不过人们自己所理解的事情背后的真实的意义。

别说让人卖命了,就连老百姓看戏也得虚实搭配才行呢。比如京戏里,过场很多,虚活不少。但是,一出大戏,要不来点儿真玩意儿,观众根本不会买账。虽然,一条小鞭儿就代表一乘座骑,四个龙套就是千军万马,台上转悠一圈儿就是夜行八百、日走千里,但要演个《打金砖》什么的,那么大一皇帝也得一会儿一个筋斗,一会儿一个抢背,僵尸说摔就摔,结结实实摞倒个三五回才说得过去。否则不就等于糊弄观众吗?就连现代戏《沙家浜》还得整点儿武打,让伤痊愈的新四军们一个一个翻进刁得一家后院儿呢!

读者诸君,读到现在,可能会想,上面说的基本上都是废话,太虚,你到底要说明什么问题?那好,整点儿实的。说实话,本文的主旨不在写实。书店里那么多"速成"、"七步法"、"实战派经典"什么的,用不着我跟他们比实去。学院派本来就是花拳绣腿,您要想在这儿知道"星期一早上干什么",简直对在下过于抬举,实在承受不起。如果您还有耐心,下面接着虚。

组织之所以区别于市场,并不只像经济学家想象的那样,只有交易费用在作祟。作为一种制度安排,组织的社会性和它的价值体系,亦即共享的"意义",决定了组织成员的主要关注点不在于就业合同和与组织的交易,不在于组织成员是否在与组织的日常重复的"交易"中得到了应得的待遇,而是会在大多数情况下更多地考虑自己是否合群,符合组织规矩,自己是否有业绩,跟同事比怎么样,别人(上级、下级、同僚)怎么看待自己,等等。让同事对自己有好感,让组织觉得自己很忠诚,让老板觉得自己可信赖,应该说,在组织中,这都意味着最终是符合自己的利益。因此,即使是自己为组织、为同事、为他人有所牺牲,也是极其有意义。如此,一个组织公民就诞生了。组织的利益高于个人的利益,我们在共同成就某种惊天动地的大事业。能成为这样组织的一员,我骄傲,我激动,我欣喜,我庆幸还来不及。什么交易费用?让交易见鬼去!

可怜那精明的经济学家呵,一点儿都不知道如此硬邦邦的实在道理(费用、报酬、理性)之外还有什么虚(牺牲、奉献、荣誉)。可怜那愚蠢的"组织人"呵,一点儿都不知道大彻大悟的经济学家们在为你们扼腕叹息、诅咒着急。幸灾乐祸的管理者们,既不有意装傻充愣,也不过于自夸智力,一面嘴上甜言蜜语地奉承着经济学家们,使之为其到处奔走呼吁,要宽松环境,要规范市场,要完善监管体系,一面实际上毫无遮掩地告诉手下人"态度决定一切"、"忠诚胜于能力"、"没有任何借口"、"关键是执行力"、"大河没水小河干"、"我们共创辉煌业绩"。有实有虚,虚实相济。创业管理成就,喝茶打球看戏。滴水不漏,精彩至极。

说白了,管理的务虚,在很大程度上是给组织成员寻找和造就某种继续参加游戏的理由,不管你是春风得意马蹄急,还是犄角旮旯受排挤,抑或小马扎儿稳稳地坐着,不高不低,没有沙发舒服,但总比蹲着站着有福气。这种理由、这种符号、这种意义,在某些情况下更是显得重要和不可代替:你要相信公司,相信领导,相信群众,相信社会,相信组织,虽然现有组织活动的结果和过程对你来讲,并不公正或不完全公正,或者结果和过程比较公正甚至非常公正,但就是对你不利。这不禁让我想到过去的某些说法,比如,您这辈子积善行德,吞声忍气,您下辈子不就有好日子了么?哪能老轮不到您呢?为了下辈子的福气,这辈子怎么着都有意义。

如此,管理者需要营造一种制度化的、共享的信仰和价值体系,从而赋予组织中人的行动以共享的意义,并不针对某一个人,而是贯穿整个集体,并通过故事、传说、庆典、仪式、文档、范例等方式将其散布、传播、推行、操演和巩固下去。赛狗还得有电兔子领跑呢,何况人欤?

在美国,警察退休通常会得到一块金表,以资奖励和嘉许。欢送会上,退休的警员很是让那些初出茅庐的警校毕业生羡慕。这就是制度化的诱惑和激励。中国某保险公司董事长,个人魅力非凡强大,而且乐善好施,年终庆功会上热情地拥抱他手下那些在各方市场攻城掠地、业绩卓著的干将们。某干将言:"这辈子,被老妈抱过,被老婆抱过,再就是被董事长抱过。有董事长这一抱,明年不给奖金也玩命干!"瞅瞅,这就是精神的力量。士为知己者死,这话实在不虚。啥叫意义,这就叫意义。

在笔者曾经供职的勃然特商学院,按照一百多年来的规矩,为学院工作满25年者会获赠一个刻有校徽的红木摇摇椅。庆典上,在大家的注目下走上台来,跟永远满面春风、笑容可掬的校长握手留影,风光无限,那叫神气。下面同事们群情激奋地鼓着掌,您太太和家人脸上挂着骄傲和自豪的泪滴。回家后,您自足地坐在那令你骄傲的椅子上摇来摇去,不知哪天突然意识到,为了这把价值不过几百美元的摇摇椅,您花了四分之一世纪的心血和气力。于是,苦辣酸甜咸,金木水火土,热泪盈眶,百感交集。但想想当时的场面、当时的人气,您还是觉着这椅子咋瞧咋有意义。这就是椅子的魅力。一点都不虚。

笔者已经不再拥有将来占有那个摇摇椅的可能了,只拿了5年的钢笔和10年的表,都刻有在下的名字,现在已经想不起来流落到哪里了。去年匆匆忙忙回国来到北大,北大的名声很实在,"一塔湖图"也果然不虚。只是这"一塔湖图"内,如今满世界的人、车、旅游者,再加上校门口永远一塌糊涂的堵车,让人很是有时间在车里觉得生活越来越有意义,因为,据说我们正在为创建世界一流大学而努力。

其实,堵车也没什么,这不已经到向阳屯儿了么,才半个小时。据北大某位老兄称,堵车是现代化大都市的标志。瞧,说得多好,有意义。眼瞅着就到马连洼了,又看到那个温馨的电子指示牌再次提醒:"严禁疲劳驾驶!"从北大到这儿,晃悠了快一个小时了,能不疲劳吗?再说,警察怎么可能知道某人在疲劳驾驶呢?又怎么严禁呢?应该说"请勿疲劳驾驶"才有意义吧,透着关怀,而又可操作。

快到西北旺了,心里还在琢磨,当年的梦想就是一辈子当学生还有人发工资,赖在学校不走,现如今怎么就不让我们在校园里边住了呢?如果在朗润园一隅有滋有味地呆上半个世纪,绿柳轻摇,荷塘月色,以一个月消耗一斤铁观音的速度,六百斤过后,健康长寿不说,还很有可能像季羡老一样住进301医院高干病房,50年间的学生中谁冷不丁出落得有头有脸,还能持鲜花代表很多由于公务在身而不能来的同志在亲切友好的气氛中慰问你。那风光,岂是在大洋彼岸那个 GDP 已经被我们超过了 25 年的地方的某个小房的门廊阳台上坐着摇摇椅喝掺水过多的柠檬汁可比?实在,实在大法儿了。诚如是,则此生不虚。

只顾说了,也没看看路,别开过头了。咋还没到上庄呢?

到了北清路,就已经过了饭点儿了,顺峰海鲜城咱吃不起,还搞不定老马家拉面馆儿?走辅路,先吃几把羊肉串儿去。这才是实在之举。

生活,就是这么有意义。

(2005 年 11 月 14 日—15 日于美国伊利诺伊州春田市)

在堡垒中战斗：哪路神仙有资格参与？

人们常说，一个好的领导班子应该是一个战斗的堡垒。而我们经常看到的班子，不是战斗的堡垒，而是在堡垒里战斗。其实，在任何组织中，高层间明争暗斗，乃是人之常情，实在无可厚非。如果没有争斗，反倒不太正常。然而，要成为战斗的堡垒，关键是班子中的成员应该各有所长，角色鲜明，能力互补，并且最终还要有一人拿总。在企业中，也是一样。高管层的设置和配备，既要考虑冲突和互补，也要有对妥协和统一的注重，由各类精英组成所谓的"权力联盟"（power coalition）。

我们通常用不同的称谓和头衔来指称高层管理团队（top management team）中的人员和他们的分工：宽泛而言，如领军人物、掌门人、当家者、主帅、军师、大将、副手；具体而言，如董事长、CEO、总裁、副总，等等。而在管理学的文献中，就高层管理团队中不同人扮演的角色以及其承担的责任来说，经常讨论的并且在不同程度上有某些正式界定的至少有这么四种：战略家（strategist）、管理者（manager）、企业家（entrepreneur）和领导者或曰领袖（leader）。

战略家，用一个关键词来描述，应该首推"远见"（vision），亦称"愿景"。大海航行靠舵手。战略家应该富于远见，帮助企业搞清发展方向和自身定位，做正确的事情，关注有效性（effectiveness）。"远见"一词本身，乍看，似乎拔高了战略家神机妙算的能力，也片面夸大了环境决定论的可能,好像是说某些事情必然发生,唯高瞻远瞩者先知先明,于是可能捷足先登。比如,孔明料定了天下事鼎足三分。其实,事在人为。战略制定过程不过是战略家把自己的远见不断兜售或者强加给别人的过程,反映的是战略家根据当时特定条件和自己对未来的判断所希望达到的未来的某种状态和境界,即所谓的愿景。这样理解,远见便显得活生生,有努力的痕迹,有较量的踪影。比如,曹孟德为三分一统而奋斗终生。

管理者,或曰职业经理人,类似管家,比较关注细节,注重效率,善于执行。管理者的最高境界是"秩序"(order),或者说,有条不紊地实现目标、促成结果(orderly results)。相对于战略家的有效性,管理者的效率意味着用正确的方法去做事情,迅速,灵活,准确,低成本,善于变化和调整,按照战略意图把事情搞定。职业经理人的典范如英国管家,勤恳敬业,操守矜持,只顾埋头做事,不管或少有问津主人之道理和所以然。然而,现代组织(如企业)中的管理者则应既懂大局,更重执行。当好第二把手,是大学问,更要艺术。中美建交时,战略家毛泽东与美国人大谈哲学,具体细节则由治国者周恩来负责与对手敲定。中共十大闭幕,全体代表鼓掌欢送毛泽东等主席台上领导退场,会前被抬到主席台上的毛泽东,不愿让大家看到他因腿疾已不便走动,于是坐定不走。片刻之后,机智敏捷的周恩来拿过话筒对台下的代表们说:"毛主席要目送大家离开会场!"周到得体,鲜有出其右者。

企业家,最大的特点,贵在创新(innovation),或曰创造(creation)。企业家通过创新、"创造性的破坏"(熊彼特语),打破旧的秩序,开辟新的天地:新产品、新市场、新的资源能力、新的资源组合、新的组织方式,等等。一般商家讲究满足顾客需要,创新的企业家告诉你你现在还没有意识到的需求,比如 CNN 当年首创 24 小时全天候新闻播报和第一时间现场报道,或者强加给你你现在还不一定真正需要的需求,比如 PC 的迅速更新换代,满足了人们对"新"的贪欲和遐想。需要强调的是,企业家创业,并不是一味地冒险。创业的成功和企业的持久成功,通常是基于创新所创造的卓越消费者价值。时下中国的企业家或曰创业者应该说是创新不足,冒险有余,热心资本运作,冷淡实业经营。通常的结果是,变戏法儿的三只盖子,最终捂不过来五只桶。高楼大厦,一夜坍塌。从福布斯榜到铁铛入狱不过顷刻转瞬之间。

领导者,领袖人物,立身行事,可以依靠人格魅力、道德禀赋、精神至上、价值优越、技艺精良,等等。而领袖人物的领导力,主要体现在对别人尤其是下属行为的影响上。真正的影响,往往并不产生于领导者有意为之的故作姿态,而是通常表现在下属的自发行为和举动:主动追随,靠拢,献身,卖命。从马其顿的亚历山大,到印度的圣雄甘地,到美国的马丁·路德·金。追随者看到了榜样的力量,感到了价值的认同,更赞赏领袖本人的某种自律和牺牲。领导力,靠的不是高压下的敬畏和恐惧,而是心灵的自由和神往,是对价值、意义、公理的肯定。因此,我将描述领袖的关键词锁定于"感染"(inspiration)。乔布斯对产品"不可名状的伟大"之追求激励着苹果公司的员工。柳传志"肩抗民族工业大旗"的意识也曾悲壮地回响在联想的上空。领袖人物的感染,通常是大家行动中重要的精神支撑。而所谓的精神领袖,并不一定需要正式的官位和职称。

不难看出,上述四种角色既有所重叠,又有所冲突,更有各自非常独特鲜明的个性。比如战略家和企业家都注重方向的把握,管理者和领导者都要通过激励下属把事情顺利办成。战略者可以大行不顾细谨,管理者通常于小处入手去作执行。在一个高层管理团队中,一个人可以扮演多种不同的角色,比如管理者和企业家在创业初期往往集于一身,难以分割;某个具体角色也可以由多位具有不同能力和经验的人士来担承,比如大企业中的管理者们有的更具有创新的倾向,有的则更善于守成。有些团队个别角色突显,有些团队四种角色齐全。一个企业的高层管理团队是否有效,不仅在于自身的构成和动态,也在于所处的时代、环境的制约、产业的进程、企业自身的条件、下属的素质和对手的竞争。没有永远战无不胜的团队,也没有无所不能的英雄。

在 MBA 课堂上,我经常问的一个问题是:古今中外,各行各业,你能否找出一个人,这个人能够同时圆满地扮演上述四种角色?如果谁的回答是肯定的,我说不应该授给他 MBA 学位。因为,他对高管层是一个"团队"这个事实熟视无睹,甚至一窍不通。当然,在我强调团队的同时,我必须也强调申明,不管这家那者,一个有效的团队、战斗的堡垒,必须有一个灵魂、一个核心,有一人最后拿总。否则,在堡垒里的战斗将会使企业一事无成。

偏见也好,信念也成。我宁愿坚持这样以为。

(2005 年 10 月 12 日于海淀上庄)

骑驴说驴:有关"定义问题"的问题

管理的核心是决策。决策的起点是对问题的定义,或曰如何定义问题。弄清楚了要解决的问题,答案本身的获取很可能是显而易见、顺藤摸瓜而已。当然,这并不是说,弄清楚了问题的实质,所有的问题就可迎刃而解,或者答案的获得就一定轻而易举。毫无疑问,有些问题,不管了解得清楚与否,都可能无法得到解决和处理。而本文所要强调的是,在很多情况下,决策不力往往是因为没有真正清楚地认识问题,或者把决策的焦点聚集到错误的或者并非重要的问题上去。所以说,正确地定义问题通常是决策成功的前提。

决策通常是为了实现某个目标而进行的,而决策目标本身体现的往往是决策者和他们所代表的群体的利益。因此,对于一个决策者或参与决策的某个群体而言,一旦掌握了定义问题的权力,也就基本保证了他(们)在决策过程中处于主导地位,并且使得决策的结果和问题的解决符合该决策者的偏好、满意和利益。但是,由于决策者注定要受"有限理性"和"信息不确定"等条件的制约,对问题的定义也就往往不可能在决策实施之前就被完全清楚地界定;由于决策环境和背景条件的不断变化和转换,需要观察和摸索,对问题的定义也就通常不可能一成不变,始终如一。

如此看来,对问题的定义,实际上贯穿决策过程的始终,并不一定老是先定义问题,然后再解决问题。问题的定义和解决恰恰可能是循环往复地交互作用在同一个过程里。也就是说,对问题进行定义,既是决策的起点,为决策者营造某种声势和气氛,提供行动的前提和依据;也囊括了决策的全部含义,在决策制定和实施过程中反复出现和涉及;更是决策的结果,因为,决策的结果一般来说对应的是对问题的某一种特定的定义,而结果的出现通常进一步强化和印证了为什么对问题的该种定义能够在当时的决策环境和背景下胜出并且继续存在的缘由和道理。

首先,问题的定义是决策的起点。对同一个问题,不同的人很可能会有不同的看法和理解。给定同一个事件或现象,由于经验、阅历、认知和利益等因素,人们可能看到的是不同的问题,或者对问题有不同的定义。而在一个组织中,一个问题一旦被组织的当权者给出了官方的、正式的定义,对问题的这种定义,在很大的程度上是给问题定了性,并相应地决定了信息的收集、行动的依据、人员的参与和采取的程序:什么是相关的信息、传播的范围以及传播的渠道;什么是合适的行动,是强烈激进还是春风化雨,是大张旗鼓还是悄无声息;什么人可以参加,他们的责任、义务和权利是什么;什么是正当的程序,是自上而下,还是上下互动,是允许试验创新,还是一味循规蹈矩。

比如,一个公司面临营业额连年下滑的危机,必须采取相应的行动。假设有人提出如下两个方案:方案一至少可以保证40%的员工能够坚守岗位,并保住60%的生产能力,而且一旦市场有所转机,下岗的员工可以被迅速召回并恢复原有生产能力。方案二需要立即让60%的员工下岗,并直接丧失40%的生产能力,下岗的职工能否再返岗或被妥善安置,完全要靠市场转机和运气。如果把这两个方案同时拿出来,让读者模拟决策者对两个方案分别打分,表明自己的支持程度,很可能就会有人更倾向于方案一,因为它显得更加正面和积极,大家看到的主要不是威胁,而主要关注的是机遇。

其实,上述两个方案是完全相同的。同一件事情用不同的标签来定义和辨识,也会导致不同的理解、影响和效果。当问题被定义成机会的时候,一个组织往往会允许和鼓励大量的外部信息,采取更加勇于冒险的行动,导致多方面的积极参与,尝试新的思路和办事程序。当问题被定义成威胁的时候,一个组织通常会限制新信息的收集和传递,行动趋于紧缩、冻结、僵化和保守,参与决策的人数和参与程度会降低,更加信奉现有的组织体系和惯用程序,对控制机制的应用会更加频繁和严厉。

当年,睿智务实的小平同志倡导的是"让一部分人先富起来"这个口号,给人们的是希望和机会的感觉,激励人奋发向上,坚信"发展才是硬道理"。如果从另外一个方面来思考和表述同一个问题,无疑会招致更多无休止的争论,令人恐惧、焦虑、泄气,甚至引发更多的反对和阻力。

再比如,如果一个企业由搞财务的人或者说倾向于用财务视角思考问题的团队把持,任何问题都可能被定义成财务问题。因此,这个企业所有重大问题的决策,都必须有搞财务的人参与。20世纪80年代以前的福特汽车公司,一直延续着当年由于重视成本和效率而沿袭下来的"财务部门对所有问题的最终拍板权力"的习惯和规矩。而福特在80年代日益面临的产品创新的挑战和压力并没有被定义为关键问题。同样,一个决策团体如果把企业面临的主要问题定义为市场营销问题,这个定义本身就可能自动排除某些人或部门参与决策的权力。因此,定义问题是解决问题的前提,它既可广邀支持、协作、承诺和努力,也可控制全盘,锁定僵局,甚至打压对手,铲除异己。

其次,对问题的定义贯穿于整个决策过程中。决策往往是一系列的行动选择,而不是一锤子买卖。旧的问题解决以后,会产生新的问题。而新问题和老问题,从长期的决策序列来看,很可能是同一个问题,或者对同一个根本问题的不同侧重、强调、包装,甚至完全不同或者相反的定义。也就是说,在长期的决策过程中,对问题的定义也会反复地被提及,或因为主动自省,或因为分歧疑义,而最终则多是因为不同集团和方面的利益。决策者在组织中权力的变化起伏、对话语权和决策权的获得和丧失,以及环境背景和企业自身的变化,都可能会导致对问题的不同理解、把握和操纵,以及对问题的不同定义此消彼长,波动震荡,轮番上阵,渐次退场。

比如,政治学者珍妮特·韦斯曾撰文指出,美国政府在收集公民个人信息方面,对问题本身就经过了相互矛盾和冲突的不同定义之间的多次较量和反复。从大萧条时期后的罗斯福新政开始,为了更好地管理政府福利项目(当然也有为了税收更有效等其他目的),政府需要收集关于纳税人的私人信息。这种对问题的定义被称为"政府情报"或"知情权"定义。时至20世纪后期,民众对不同政府部门重复收集私人信息,既有不堪文牍重负的抱怨,也有对政府可能过分介入个人隐私的反感。因此,国会通过法案要减少老百姓的文案负担,限制和减少政府部门对民众的信息收集。当这种定义占上风的时候,政府也不得不作出姿态,裁减部门,合并表格等。某些部门趁机招兵买马,某些部门不幸遭到对手在新的问题定义下以合法名义进行的毁灭和打击。问题的定义背后反映的是不同意识形态思潮的时髦与背运。而如今,在遭受恐怖主义袭击后,国家安全成了重要考虑,政府知情权的定义又再次大显威风。进入美国的外国人,也要被照相并按手印留档。

再比如,美国出兵伊拉克,也是一个序列决策。刚开始对问题的公开定义是要寻找和消灭"大规模杀伤性武器"。后来,随着事态的发展,不得不将问题定义成"在全世界范围内保持对恐怖主义者的遏制和先机"。用这样一个更广大和宽泛并不太容易让人明显反对的定义,就比较有利于当初决策的继续实施,并进一步寻求对策。这样,既避免了直接承认当初决策不太慎重和准确的尴尬,也避免了因为迫于压力而不合时宜地改变航向(比如撤兵)所带来的丢面子和麻烦。所以说,问题的定义和再定义会反复出现在决策实施的过程里。

最后,对问题的定义也是决策的结果。由于决策制定和实施不是一个一蹴而就的过程,人们对问题的理解,也很可能会随着决策过程而变化,直到决策的结果和成效清楚地证明了对问题的某种定义占了上风。只有这个时候,决策告一段落,我们才真正看到并理解决策过程所遵循的那个关于问题的特定的、具体的、实际的定义,并将它作为决策产出的结果,来正式追述它,承认它,明确它。对问题的这种定义,尤其是在决策实施带来的结果比决策之初的情形有明显改善的时候,会被用来引证当初的选择是明智的,决策是适当的,实施是满意的。一句话,抓住了问题的根本和实质。

即使对问题的某种定义从一开始就被很多精英或高瞻远瞩者认为是错误的,这种对问题的定义,在某些情况下,也应该被给予机会,让它去竞争,去表现,以至于最终被否定,被淘汰,被当成反面教材。我们平常说的所谓过程公正,大概也是这个意思。给人以失败的机会,这样大家才会对那些相对比较确切的问题定义心服口服。

从这个意义上说，流行的、实际的、最终的问题定义往往也是决策制定和实施过程中产出的结果，而不是决策前就已经被明确清楚地奉为纲领的指路明灯。作为某一阶段决策结果的问题定义，也就成了下一阶段决策的起点，直至新的定义，由于新的人和事以及新的环境特点，来取代它，或者与它竞争。

比如，20世纪90年代初，美国联合航空公司把它的业务定义为"出行服务"而不只是航空运输，于是它曾兼并了一家汽车租赁公司和一家高档酒店，要提供一站式服务。然而，这种一站式服务完全可以由各类旅游公司替代进行，不需要一个航空公司去实际购买、拥有并管理酒店和租车业务。由于三种业务面临的挑战——技术特点、业务流程、管理方式和顾客需求等——大相径庭，联合航空公司并不具有管理其他两项业务的能力。经过几年实践之后，联航最后决定回到它的航空主业，卖掉了其他两项业务。这个案例表明，联航关于业务定位和经营范围问题的定义或曰再定义，实际上是经过不同的定义较量后，并在其他竞争性定义被付诸决策和实施之后的产出及结果，并且强化了对此问题的原有定义。

以此观之，问题的定义的确贯穿于决策过程的始终。而如何定义问题是每一个欲有成就的管理者必须学会的一项基本功。

（2005年10月31日至11月1日于美国伊利诺伊州春田市）

解析创业过程：在 4P 中驰骋

在中文里，带"家"字的头衔通常都意味着某个领域内的翘楚、名流、成功人士，比如艺术家、歌唱家、阴谋家。这些领域或行业内一般的从业人员可以分别被称为艺人、歌手、搞阴谋的人。按照这种逻辑，企业家应该是创业者中的佼佼者，而一般的创业人士（大多数不甚成功者）也就只能被称为创业者，或者干脆就叫作小业主、小商贩、做小生意的、自我雇佣人士。但是，我们在各种媒体经常看到、听到的有关创业者的称谓，不管他们是否成功，则基本是清一色的"企业家"。或者说，媒体可能不大关注失败的创业者。一说到企业家，大家便想到成功的老板。于是有人便问，失败的企业家能算企业家么？曾经非常成功但后来极为惨败的又怎么论呢？这样看来，还是"创业者"的说法比较准确。创业的人有成功也有失败，有大红大紫，也有默默无闻，有人冒险创新，有人挣扎厮混。

也许，在语意上纠缠没有太大必要。"企业家"（entrepreneur）一词原是舶来品，主要指的是以盈利为目的的创业者或商人。在世代官本位的中国，纯粹的创业者以经商的成就名垂青史的应该说几乎闻所未闻。名商富贾如范蠡、吕不韦及胡雪岩者也都在不同人生阶段、不同程度上与官庭有染，亦不乏政治抱负与成就。所以也难怪中文里鲜有与"entrepreneur"意合神投、互相匹配之称谓。如果比照西语的说法，"entrepreneur"既可用来泛指普通创业者，也可专门用来溢美成就卓著的创业者,尤其是那些具有创新之举的成功人士。如果再发挥一下的话,我们可以说某个人非常有创新倾向(entrepreneurial),有点子,有创意。这时的说法已经不仅仅是创业,自己做业主,而是强调创新和活分机巧的一面。

还有,MBA课程中经常说的"entrepreneurship",有时被翻译为"企业家精神",强调的仍然是创新这一主旨。如果平铺直叙的话,"entrepreneurship"的意思其实就是企业家(创业者)所从事的活动、干的事情。因此,比较贴切的说法大概应该是"创业",或者说是"与创业有关的方方面面"。而作为一门学科领域来说,"entrepreneurship"应该简单地叫作"创业学",它研究的就是企业家如何创业。我们知道,无论是《追求卓越》还是《基业长青》,大家关注的焦点大都是成功者的风范和启迪,而不是失败者的下场和警示。因此,本文也无意冒天下之大不韪,而是试图以鼓励成功和赞赏先进为出发点,用一个4P框架来解析创业过程的主要构成要素:先锋人士(pioneer)、理念视角(perspective)、行动实践(practice)、绩效成就(performance)。

创业是一种特定的思维定式,是一种独特的世界观,是一种创造性的风雨历程,是自我实现和满足的终极载体。创业的精髓在于对成就的期欲、对创造的激情、对自由的渴望、对独立的诉求,并通过孜孜不倦的刻苦努力、慎重考虑后的勇于冒险、日益不断的创新和持之以恒的毅力,去实现创业的远见和梦想。

首先,先锋人士,以创新为己任,相信自己能够有所成就,有所创造。成功的先锋人士、企业家,往往以激情(passion)和毅力(perseverance)著称。很多人晚上睡觉之前都可能诱发某种梦想,擦出一些令人激情澎湃的火花,憧憬明天要去做大事情,改变世界。而实际情况是,大多数人第二天醒来该干什么干什么,激情被冷处理。三天打鱼,两天晒网。而毅力或恒心则要求无论成败,永不言弃,死心塌地,无怨无悔,近乎宗教般的执著,甚至充满盲目的坚信与笃诚。激情使人专注,毅力使人深入,也使激情得以持久。持久的激情是对创业者的有力支撑。本田先生和他的企业对小型发动机的完美追求便是成功一例。

其次,理念视角,以创造为本,力求出新,体现一种独特的思路和视线。"肯定有比现在更好的方法!"是指导行动的信条。不是见到什么游戏,就玩什么游戏,而是首先问:有没有可能改变现有的游戏;不是考虑如何在现有的发展轨道上更好地往前走,而是问:如何能够跳到更高更快的发展轨道上去;不是看大家如何博弈,而是问:那些独特的优势是否属于自己;不是比拼如何更高明地用搓板儿洗衣服,而是想着去发明洗衣机。这种创业理念和视角,清楚地显现在企业家强烈的使命感和目标导向性(purpose)以及战略政策(policy)上。目标是引发激情的对象,战略则是取胜的秘方。冯小刚的贺岁片功利目标明确,既似曾相识又觉得新颖,有配料和炮制方法的一致性。

再次,行动实践,乃创业的要核,落在实处,掷地有声。创业,不是梦中的激情憧憬,而是脚踏实地的作为和行动。耐克公司令人震慑的广告词可谓一语中的:"尽管干!"劝说(persuasion)和追求(pursuit)通常是创业实践和行动的主要内容。劝说就是兜售。兜售是创业的天然成分,其实质在于把企业家自己的远见清楚地、栩栩如生地描绘给大家,并使之信服,为之努力、卖命,恰如昔日孟德望梅止渴之典故,亦似近日盖茨(二十多年前)对PC前景之预测。追求指的是为吸引、祈求甚至强占有限的资源所进行的不懈活动和努力。上帝青睐自助者。林肯说:"等待者也许会有获得,只不过获得的是别人折腾剩下的。"松下在发迹之前,到处寻找机会,哪怕是非常细小的工作,点点滴滴地推行他的250年战略规划。

最后,绩效成就,是创业活动的最终评判结果:你究竟创造了什么?实现了什么?飞机、电视机、计算机、手机、火车、自行车、摩托车、汽车,如此等等。企业家的创新,造就了一代又一代的商业王国,改变了我们的世界,也改变了我们的生活、工作、学习和娱乐。创新,满足人(people)的某种需要;利润(profit),往往给创新者以相应回报。只图利润,大概难以持久。追求梦想,可能名利随之。企业家通过创业,不断提高人的生活水准,为他们带来方便和效用,这才是企业家长期获利的源泉,而获利是创新的原动力。无怪乎诺基亚倾情高呼"科技以人为本"。毛主席说得更确切:"为人民服务。"

(2005年10月11日于海淀上庄。本文曾由《经济观察报》精简编辑后于2005年12月5日以《创业解析:在4P中驰骋》为题刊登在商业评论版管理专栏上。)

缎子麻袋装管理

- 蓦然回首：管理学在边缘处遭遇交叉
- 大学的灵魂与企业的自尊
- 大师不是一个职业：悼德鲁克
- 为什么引火烧身者出自管理系？
- 商学院的终结？
- MBA：你说到底有多神奇？

蓦然回首:管理学在边缘处遭遇交叉

其实,这篇文章的真实题目应该是《再为管理学正名》。因为笔者20年前曾有一篇意欲"为管理学正名"的文章从来没有正式发表,所以"再"也就无从谈起,但"正名"的企图确实并非空穴来风。1985年,我在北京工业学院管理工程系读本科二年级。当时理论界流行的说法是"管理学是一门新兴的边缘学科和交叉科学"。根据我当时对相关文献的研究和对管理学的个人理解,我得出的则是截然不同的结论:管理学是一门正宗的独立学科。

初生牛犊不怕虎,少年壮志当拿云。我花大力气写就了一篇长文,信誓旦旦地要为管理学讨个说法。

我当时所能接触的文献很是有限,立论可能有些幼稚,论证也不见得令人信服。但作为学术讨论的载体,该论文的章法和路数基本还是说得过去的。首先,我的主要观点——管理学是一门自成体系的、独立正宗的学科——所基于的主要原始素材有两类:一是马洪主编的由中国社会科学出版社发行的一套几十本《现代西方管理学名著》,主要介绍了20世纪70年代中期以前的管理学成就;二是北工图书馆当时收藏的数十本英文原版管理学教材和专著,主要是20世纪80年代左右出版发行的,以丹尼尔·雷恩教授的《管理思想的演进》为代表。其次,我对一个学科的判断标准的把握则是在很大程度上受了约瑟夫·熊彼特的影响。熊氏在其三卷本《经济分析史》中曾提到,要了解一个学科(比如经济学)的来龙去脉,应该注重三个主要层面:基本理论、研究方法和历史沿革。

我在文中指出:管理学有其独立的研究课题,即组织的绩效和目标的实现;有其主要理论框架和体系,比如始自亨利·法约尔直至哈罗德·孔茨的关于组织(企业)中计划、组织、指挥、协调和控制的"一般管理理论",以及细分领域内的概念和学说,比如激励理论;有其自己的研究方法,比如与一般管理理论不可分割的管理过程学派的研究视角、有关案例研究的方法以及对试验设计与统计分析的借鉴等;有其近一个世纪的发展历程,自欧洲而北美,继日本而亚洲,不断受到重视和褒扬。

错就错在时差,糟就糟在误解。

管理学在全世界的发展,在20世纪80年代,我们几乎一无所知。没有见过的,就是新的。"新"就可以由各种名称来表达,什么"软科学"、"新兴学科"、"边缘学科"、"交叉科学"便名噪一时,夺人眼目。一时间,在中国,管理学在边缘处遭遇交叉,凡二十余年。

20年前的那篇文章恐怕只有两个读者,一个是笔者本人,另一个则是我所景仰的学界泰斗钱学森。钱老当时对系统工程和管理科学研究很感兴趣并有所涉猎和建树,因此对管理学是交叉和边缘学科的说法自然也在文献和报章中有所提及。所以,我便斗胆致函请教钱老,同时也将该文抄了一份寄给《光明日报》理论版。不久,钱老寄自国防科工委的回复翩然而至,令人欣慰。后者至今杳无音讯。

钱老回复说:"马浩同志:您来信中的意见我都可以同意,我本来就不喜欢用什么'交叉学科'、'边缘学科',那不是自己先承认新建立的学科是不正规的吗？我从来不认为我在搞的学问是不正规的；有实际需要，所以我要去研究，管它交叉不交叉，边缘不边缘！……不过您那么鼓吹管理科学的'正统'，似也无必要，您要压倒别人吗？大可不必……"

钱老旗帜鲜明，言简意赅，既有支持，也有教诲，我在感到鼓舞和兴奋的同时，也感到了鞭策和不安，更懂得了做学问要谦虚和谨慎。后来，我在鼓舞和兴奋中正式选择以研究和传播管理学为职业，在鞭策和不安中一直努力地在管理学领域耕耘着，在谦虚和谨慎的同时仍然顽固不化地念念不忘管理学的正宗，企图再次伺机为管理学正本清源。

时至今日，管理学在中国仍然是个筐，啥都可以往里装。有人认为管理学是经济学的延伸，有人说管理学是心理学和社会学的应用，还有人干脆认为管理学就是运筹学和系统工程。曾几何时，MBA在中华大地骤然时髦，管理学又被有些人笼统地称为商学，或曰经商之道。于是，易经、老子、孙子兵法、三国、狼、学习解放军好榜样。不一而足。

看来正名依然必要。不是要压倒别人，而是要不被别人压倒。

管理学的国际主流研究社区已经接近托马斯·库恩在《科学革命的结构》中所指出的"规范科学"阶段，有其独特的范式（公认的概念体系、理论框架和研究手段）。战略、结构和行为等三大细分领域的研究也是硕果累累，斩获颇丰。对实证研究的推崇和奉行不断提高了管理学在科学社区的合法性和受尊重的程度，也增强了它在大学里的学科地位，正宗独立。

国内的管理学者们也正日益努力与国际主流社区接轨，用现代的科学方法和国际公认的研究规范研究中国企业管理面临的挑战，一方面在中国检验、拒绝、应用、补充和发展西方现有理论，另一方面以中国的特例为基础积极贡献于国际主流社区的理论文献。一些优秀的管理学博士项目也在为管理学在中国的长足发展准备师资，并对注重和提倡研究的风气进行推广和拓展。

交叉应无恙，当惊边缘殊。

任何正宗大概都曾经是异端。思想起来，还是钱老想得明白，管它边缘不边缘，交叉不交叉。

谨以此文致敬钱老。

（2005年10月9日于海淀上庄。本文曾由《经济观察报》精简编辑后于2005年10月24日以《管理学在边缘等待交叉的二十年》为题刊登在商业评论版管理专栏上。）

大学的灵魂与企业的自尊

最近一段时期,由于经济发展、社会变迁、人口结构和生活节奏等诸多方面的影响,美国的教育制度面临巨大的压力。大学教育体系受到的冲击和挑战更是不断翻新,日益增强。有些人主张要像办企业一样办大学,以创收先进者为榜样,以盈利为目的。有些学校鼓吹要完全以雇主的愿望为标杆,以就业市场的需求为导向。有些人则宣称要把学生当顾客对待,收了钱就要好好提供服务,满足他们的各种愿望。很多学生自然也不乏奇想:大学课程要像脱口秀和情景戏剧一样容易理解和欣赏;教授要既当主持人,自己能整段子,说笑话,也得会把握火候,让大家有机会参与亮相;教授也要像传教士,能引经据典,出口成章,传道授业解惑,精辟严谨慈祥;学校对待学生还要像保姆一样,要什么服务就给什么服务,学生想不来上课也不需要理由,不用商量,回头老师还得把课给我补上。某些家长则更神气:什么?我掏了钱供我孩子读书,你凭什么因为他功课不及格就敢不让他毕业?!

当各种新奇的主张和想法甚嚣尘上之时,很少有人会去想,大学就应该有个大学样!难道用办大学的办法办大学不行,非要用办别类机构的办法才算高明正当?你以为大学像沃尔玛,想来来,想走走,90天无理由退货,顾客无论对错永远至上?

幸好,美国的主流派优秀大学,大都有着百年以上的学术传统,知道办大学是怎么回事儿。哈佛大学没有动不动为了严肃校纪、磨炼意志就把新生拉去军训,事情明摆着,喜欢军训的人自己可以去上西点军校,没有必要到哈佛装模作样。约翰·洛克菲勒创办芝加哥大学也没有借用他所擅长的经营企业的办法,而是任命年轻的教育家威廉·哈珀为首任校长,其办校风格以高薪聘请最优秀的教授著称,以注重学术研究见长。没有大师级教授的大学,无异于职业培训学校。芝加哥大学以教授和学术为本的优良传统,是其办学的灵魂。历年来,该校的教授和与之相关的学者中获得诺贝尔奖的人数仅次于剑桥大学。有了这些中流砥柱,再大的风浪,也基本于大局无伤。大学还是大学,经典并不会因为不合一时之潮流而丧失光芒。

当然,注重学术的严谨,并不意味着这些大学就只是死气沉沉的迂腐学究之地。实际上,每个优秀的大学都有自己成功的秘诀。然而,除了学术特色各异之外,总还是有些放之四海而皆准的基本办学套路和配方。比如芝大早年的校长就清楚地意识到大学成功的三大法宝:学生们有足够的挥霍青春、满足年轻人欲望的机会,教授们有足够的免费停车位,校友们可以经常回来为母校的球队助威。这三样搞定,就有人读书,有人做学问,有人捐款。大学办到这个分儿上,夫复何求矣!

无独有偶,国内的管理学教育,时下也面临着各种各样的迷惑和冲击。鱼龙混杂,光怪陆离。为了增强企业的经营业绩,企业家和管理者渴望迅速获得启发和灵感,找到妙药灵丹,不管这种启发和灵感有无实践依据,这种妙药灵丹是否适合自己的领域。

各类风起云涌的企业咨询公司和畅销书作者们更是闲不住,赤膊上阵,善抓良机,绞尽脑汁,激情演绎,什么企业要有狼性和羊性,要从羚羊变成狮子老虎,要向军队学管理,向游骑兵学管理,向《圣经》学管理,向《易经》学管理,向某某球队学管理,等等。什么人都可以出书办班,讲个故事就可以总结管理。故事自然听得很热闹,回头细想,却搞不清楚故事背后的真正道理和含义。而他的故事和你的故事往往没关系,听来听去,还是缺乏理论和体系。

这种心绪浮躁、急功近利的状况,跟美国某些学生希望学知识都像看脱口秀和情景喜剧一样轻松愉快的现象,实际上是大同小异。

在跟风于各种貌似时髦的管理方法的运动中,企业领军者必须清楚地把握这样一个根本点:企业首先是企业,就像要用管理大学的方法管理大学一样,必须要像管理企业一样对企业进行管理。

所谓"世事洞明皆学问,人情练达即文章",讲的是大面上的事儿。丰富的阅历和知识可以为管理者锦上添花,使之融会贯通,游刃有余。但是没有锦,再多的花也无处可添,只好枯萎凋零。而这里的锦,就是对企业独有特性的了如指掌,对企业管理本身的通晓和欣赏。因此,向其他类型的组织和实体学习没有错,并且在把握大局的前提下应该得到鼓励。但企业毕竟是企业,不是军队,不是教堂,也不是体育运动基地。

对于缺乏现代企业制度和传统熏陶的中国企业而言,在还没有弄清楚企业管理自身的逻辑之前,就被各种五花八门、半生不熟的跨界学习之说狂轰滥炸,搞昏头脑,实在是先天不足,不幸有加。对于缺乏系统研究支撑的中国管理学领域而言,也只能瞪眼看着各路天桥英雄令人眼花缭乱地耍把戏,却拿不出更加令人信服的证据和道理。

因此,中国企业家的使命显得尤为悲壮。前路茫茫乏知己,天下无人能助君。等到中国企业家称雄于世的时候,学管理的人能够及时总结一下,颂扬一下,引申一下,也许就不错了。那时候,我们对孙子辈儿的人讲故事,就可以说,像某某公司那样经营企业,像某某企业那样进行管理,而不再需要说向我们根本没听说也没见过的什么"游骑兵"学管理。就为这一条,我们也需要优秀的中国企业作为我们企业的榜样。企业要有企业的做派和自尊。企业管理呼唤一套行之有效的理论体系。

跨界学习当然仍有必要,但是必须慎重而行,适可而止,不在于东施效颦,学点皮毛,也不在于邯郸学步,削足适履,而是贵在启发,为我所用,重在借鉴,拿来主义,其实质不在于模仿他人,其核心在于提高自己。

(2005年11月10日于美国伊利诺伊州春田市)

大师不是一个职业：悼德鲁克

2005年11月11日，彼得·德鲁克以95岁高龄谢世。一个令人敬重的老派绅士，一个敏锐犀利的资深社会经济观察家，一个富于洞见的商业评论神圣，一个影响广泛的管理论著作者，一个备受企业精英信赖和敬仰的导师，20世纪管理领域最重要的代言人，驾鹤西去，流下一个难以填补的精神空缺，一个不再拥有大师的时代。

蛟龙过后，只见一片汪洋。

德鲁克，生于风雨飘摇的奥匈帝国，受教于维也纳和英国，法学博士，在德国做过财经记者，在英国银行当过经济学家，在美国为英国报纸当过特约记者，被通用汽车公司邀请做过名噪一时的调研，在纽约大学当过教授，再到加州克莱蒙研究院讲授管理学。将近75年的职业生涯，凡39部论著。20世纪40年代，推崇分权化管理，强调社区与人在管理中的重要性，50年代推断计算机在未来商业中的广泛应用，提倡"目标管理"的有效性，60年代预测日本和亚洲企业的崛起，暗示知识型工作者的诞生，1987年股市大跌后自称早就预料到这种下场（不是由于经济原因而是由于审美和道德原因），并在80年代积极主张企业家精神和创新，90年代警示社会"经理报酬超限"可能带来的不良后果，等等。

德鲁克相信管理是人文艺术，他的著作旁征博引，涉及艺术、文学、历史、哲学、宗教、伦理、政治等诸多领域。信手拈来，字字珠玑。

俯拾即是，精彩语句。生动案例，形象比拟。鉴古喻今，透彻明晰。他永远在最前沿，为管理者指点迷津。他的洞见经常能帮助你证实你的直觉，为你壮胆鼓劲，为你撑腰打气。他的信息处理容量大，涉猎广泛而判断通常很准，你所能想到的，他都已经想到了，你还没有弄清楚的，他已经想明白了，并给出了相应的预测、对策和可能的教训与建议。拨开云雾见青天。他把自己的观察和思考系统全面地写出来，不仅所讨论的主题关键、基础，而且解释得极其透彻可信，文风令人惊叹地简单和清新。

德鲁克的文字，如此基本和关键，以至于往往使人觉得就像空气一样不可或缺；如此实在，以至于读来就像呼吸空气一样地自然，不易察觉地滋润。但是，正是由于呼吸空气是如此自然的本能，这个事实被指出以后，我们反倒觉得没有那么震撼人心。很多事情，一旦被别人指明以后，反倒没有什么新鲜感，觉得老生常谈，平淡无奇，比如德鲁克之强调要善待员工、关注社区、目标明确、勇于创新等话题。我需要空气这个事实还要你来提醒？！当然。当空气过于污浊的时候或者呼吸功能不畅而当事人又无所察觉的情况下，谈谈呼吸空气，很可能就是治病救人。

德鲁克近年来在中国的名声，丝毫不亚于他在全球任何其他地方的盛名，很可能更为强大。因为他作为先知先觉者的发现和写作很对中国人的胃口，也因为全世界媒体对他的不可抑制的好感，比如许多善于绘声绘色地报道事情的媒体毫不吝啬地给德鲁克冠以"现代管理之父"的头衔。这也很对国人胃口。很像中国的很多大师经常称自己是"XX之父"、"YY之娘"、"ZZ第一人"。至少，他们也可以说，"我首先提出采用某某制"。首先提出什么，当这种提出需要比别人聪明伶俐，需要比别人更睿智敏感，需要顶着很大压力时,不能不说是一种社会性的贡献。但这种贡献既不代表理论上的建树,也不必然给其戴上某某之父的桂冠。

说德鲁克创造了现代管理学领域,等于抹杀美国管理学会于1936年就存在的事实,等于无视法约尔、泰罗、巴纳德,和现代工业心理学界先驱们,以及包括西蒙等组织理论学者,对管理学奠基作出的重要理论贡献。说德鲁克是现代管理咨询业的缔造者,等于说麦肯锡创始人马文·包尔自1933年的努力都是白费工夫。如果说众多的咨询公司,靠包装改造并贩卖德鲁克的各种先见之明而获暴利,倒还算比较公允合理。毫无疑问,德鲁克的工作帮助促进"管理咨询"成为一个行业,并促进大众对管理研究和探讨的理解和尊重。

遍查所有西方媒体这几天的报道,盖棺定论,没有一家将德鲁克称为学者(scholar),偶尔有称其为管理思想家(thinker),更多的则是大师(guru)或者先见之明者(visionary)。也许,学者是德鲁克最为不耻甚至憎恨的头衔。他和学院派格格不入:学究气、拘谨、过时、细碎,对实践前沿充耳不闻。

管理学者们也当然没有把德鲁克当作学者,看成自己人。他在纽约大学教书时被学者教授们当成记者看待。另一位声名远扬的咨询宿匠汤姆·彼得斯在斯坦福大学商学院读博士的时候,没有听到一位教授提到过德鲁克的名字。笔者在得克萨斯大学读管理学博士的时候,也没有在课堂上读过德鲁克一纸半字。当然,私下里,不少学者也赞叹德鲁克的见识。最近,尤其是在教学上,如果还不是在研究上的话,德鲁克也会被教授们介绍或者提及。

出了学术圈儿,景象完全不同。在咨询界,只有德鲁克才是真金白银。他的每句话,几乎都会有人信。《华尔街日报》曾经在深入调查研究后指出,德鲁克在1987年的一系列演讲文稿中某些道听途说的事例是错误的,比如日本某公司的所有员工以英语为官方语言。德鲁克说,我用这些例子说明一个观点,并不是记录历史。

学者也好,记者也罢,咨询顾问也行,这根本不耽误哈佛大学(据称)四次邀请他加盟。哈佛做事自然可以特立独行。但学术界的管理学人,也并不把《哈佛商业评论》(德鲁克很多文章发表之地)的东西看得有什么学术价值。笔者在得克萨斯的博导老板曾经和一位同事在1986年某期的《哈佛商业评论》上发表了一篇关于并购过程管理的文章,遭到院长的严厉批评,理由是不务正业,没有帮助年轻的同事作更有价值的真正学术研究。

即使是学术界我行我素的哈佛邀请,德鲁克也不为所动。道不同,不与谋。德鲁克在加州那个小学校后来以他的名字命名的管理学院一呆就是三十多年。阳光明媚灿烂,讲课著述咨询。寿终正寝,功德圆满。

有的媒体也很愿意将德鲁克打扮成20世纪最伟大的管理思想家。应该说,有一定的道理。在搞管理的人中,他可能思想比较多,而在传统意义上的思想家当中,他又显得过于务实。思想家往往述而不作。一般来说,思想家是不关心企业怎么挣钱的。而管理则主要是术和艺。管理领域不是重量级思想家玩弄智力、消耗时光的主要战场。弄管理学的人可以是非常优秀的学者,就事论事儿,但却很难成就一流的思想家,因为管理甚少真正涉及多少思想深度,不过是摸索实践规律而已。做哲学家状,整出来些高深的所谓管理哲学,恐怕没有多大实践意义。

也许,这是笔者的偏见,研究管理的,尤其是在学术界,大多数都是某个细小专门领域内的一个匠人,每隔好大一阵子,再加上外部时机凑巧,能出那么个把理论家,提出某种还比较有意思的假说,给大家提供个系统思考的平台和借口也就非常不错了。

因此,严格意义上说,德鲁克算不上真正的思想家,也不是什么正规的理论家。比起他所熟识和受其影响至深的一代宗师熊彼特而言,尤其如此。当然,这一点都不妨碍他有影响,受崇拜,像需求精神分析的人士崇拜弗洛伊德一样地被崇拜着。

也许,我们可以借用当年的旷世奇才辜鸿铭先生描述人类文明和人的特点时用的几个重要指标,来衡量德鲁克毕生之成就——博大(broad)、深厚(deep)、淳朴(simple)、精致(delicate)。德鲁克之主要特点在于广博,他无所不在,无所不知,繁杂多识,万象包罗。这是多少人梦寐以求而不能达到的境界。这恐怕也是他受人推崇的原因之一。他简单淳朴,直白清澈,通俗易读,不兜圈子,不啰嗦。这也是他能在畅销流行的管理文献中立于常胜之地的公开的秘密。应该说,德鲁克博大、淳朴有加,而深厚、精致不足。

但是,如果仅仅单就"博大"存在这个事实,就妄断"深厚"肯定欠缺,是不能令人信服的。也许与管理实践本身的特点有关,人们不可能沉溺于哲学性的思辨,因此深厚和精致的可能性本来就小,并不只限于德鲁克一人。给定如此,如果再不像学者那样去做实证研究,去系统严谨地发现和验证规律,那么剩下的只能是依靠敏锐的洞察力了,要快,要准,要有说道,要让人迅速理解。这时的见地,无论多么深刻,也只是"感悟"和"直觉"而已。如果要上升到理论高度,必须有更精深的钻研和思考,而不是停留在"洞见"阶段。当然,学者们过分喜欢精致和漂亮,可能又失去了广博和与实践的相关性。那是另外一个极端。

不管是博大、淳朴，还是深厚、精致，都不可能完全解决管理者的问题。四样俱全，连上帝恐怕都不可能。所以，研究管理的人还是擅长什么干什么，卖什么吆喝什么；实践管理的人，最好还是兼听则明，需要什么买什么。

德鲁克曾经声称历史上最有效的美国总统是杜鲁门，因为手下的人都愿意为他效力。第二名当属里根，恰恰不是因为他的个人魅力，而是因为里根知道自己能干什么，不能干什么。这个原则，也可以用来比拟德鲁克本人，他清清楚楚地知道自己想干什么，能干什么，而70年间干得极其精彩，有声有色。毋庸讳言，德鲁克是一个务实的人。他说："我从来不关注未来的事情。我不相信未来，我向窗外看。我关注那些已经发生了的事情，那些已经发生过，但还未来得及产生后果，还没有被大家感知和认识的事情。"

在最终的分析里，我们可以用下面的角色来描述和记忆德鲁克：嗅觉敏锐的前线记者，富于洞见的可靠观察家，文笔流畅的多产作者，令人信赖的高级咨询顾问，一个生命鲜活的商业百科全书，一个睿智超凡的先知先觉者。也可以说，德鲁克在某种意义上，是整个20世纪最令人信服和尊重的管理者的代言人，甚至是其精神领袖。

是不是严格意义上的学者，是不是细致严谨的理论家，是不是发人深省的思想家，德鲁克本人对此并不在乎。而人们称其为大师，德鲁克也无奈半推半就，更愿意相信人们所标榜的大师主要是导师(mentor)的含义，虽然起初在他的字典里大师一词意味着巫师、庸医、卖大力丸的江湖骗子(charlatan)。

大师德鲁克，大师中的大师，大师中的常青树，那些人们拥戴的抑或自封的各类管理大师们发自内心地崇拜和景仰的大师。管理实践者的总教头,管理咨询界出类拔萃、技高一筹的巨人。

大师德鲁克,单枪匹马,自成一体的巨人。著作等身,名扬身后。卓尔不群,天成人就。特立独行,绝无仅有。大师没有学生和传人,没有组织和运动,据说甚至没有秘书和帮工。

正是天马行空,可谓空前绝后。

大师不是一个职业。

(2005 年 11 月 15 日—16 日于美国伊利诺伊州春田市。本文曾由《经济观察报》精简编辑后于 2005 年 11 月 21 日以《大师不是一个职业》为题刊登在商业评论版管理专栏上。)

为什么引火烧身者出自管理系？

最近，正当 MBA 教育在中国刚刚走过起步阶段并开始稳步发展的当口，国外管理学界和有关媒体上，出现了几起颇为引人注目的事例，对现行的以美国模式为代表的 MBA 教育方法和效果提出质疑。之所以引人注目，是因为这种质疑并非来自外部势力的抨击，而恰恰是来自于 MBA 教育机构内部，来自世界一流大学商学院里直接参与从事 MBA 教学和管理的一些精英人士的批评和反思。斯坦福大学的杰弗里·菲佛、麦吉尔大学的亨利·明茨伯格、伦敦商学院的萨门绰·高沙儿、南加州大学的沃伦·本尼思等，构成这一反潮流队伍的强大阵容。人人有名，个个能侃。有理有据，真情实感。于是，一场波及商学教育、培训和实践领域的保持商学院先进性运动正在逐步酝酿和开展。

杰夫瑞·菲佛，围绕"权力"为核心研究管理学的明星学者，在组织行为学、人力资源管理和组织理论等领域提刀走马三十余年，建树宏大的学界宿匠，在美国管理学会——世界上最大和最权威的管理学研究者学会——2002 年所出版的《管理学会学习和教育》创刊号上，以耸人听闻的《商学院的终结？成效不足，养眼有余》为题，对 MBA 教育的功能和效果首先发难，指出管理人员的 MBA 学位（尤其是不知名学校的）以及读 MBA 时的分数成绩都与职业成就没有多大相关性。商学院教授的研究对管理实践既没多大关系，也没多大影响。现有的顶尖学校是在现有游戏规则下胜出的,他们不会自掘坟墓。因此,商学院彻底地洗心革面,基本无望。尽管如此,他仍希望商学院能够向医学院、法学院和工程学院等职业院校学习,力图与为管理这一"职业"进行服务的使命更加相关,而不是像文理学院那样更看重自己的学术地位。

亨利·明茨伯格,以研究管理者的角色和工作特点出道,在战略过程、组织结构和组织中权力政治等研究领域贡献卓著,以阐释"自生战略"和强调管理的艺术性著称,学识渊博,著述甚丰,于2004年再掀波澜,以故弄玄虚的《要管理者,不要MBA》为题,对现行的MBA课程体系和运作方法大加挑战,前半部批判现实,后半部鼓吹解决方案。对现有MBA项目的批判主要集中于两点:在训练和提供管理技能方面非常没有成效;给学生灌输的对理性分析的盲目崇拜和轻信以及管理者只对股东负责的谬论是MBA教育失败的不可否认的根源。可以说,现有的MBA项目,是在错误的地点用错误的方法培训了错误的人选,从而导致了错误的结果。什么是更有效果的出路呢?明茨伯格自己设计了一个旨在专门造就"管理者"的全球培训项目,一个由横跨英、加、印、日、法五国的总共五所大学参与,并由多个公司提供现场活案例的项目。学生们在比学校课堂更放松和真实的环境中"总结"和"反思"在项目中"自然而然"体会到的或已有的见识。

萨门绰·高沙儿(2004年已故),哈佛商学院博士,麻省理工学院博士,曾任职于欧洲管理学院、伦敦商学院,国际商务、跨国公司与全球竞争战略研究的权威,社会交换理论的忠实信奉者和实践者,精力旺盛,能力过人,在其身后发表的最后一篇论文中(2005年3月),毫无遮拦地指出《坏的管理理论正在摧毁好的管理实践》。

他大肆批驳以休模、边沁、洛克为代表的极端个人主义哲学,以及反映在当代以弗里德曼为代表的芝加哥学派的哲学取向,并以"代理人理论"和"交易费用理论"为坏理论的典范,捎带上博弈论和谈判理论作为陪绑,对商学院里弥漫着的"对人性丑恶自私性的坚信不移"和"对管理者的极端不信任"深感切肤之痛,并断定安然公司等商业丑闻现象的出现,就是现行MBA教育体制种下的祸根,因为它造就了一批又一批极端功利、道德沦丧、精于分析、善于盘算、不择手段、唯利是图的管理人员。他强调指出,对人的尊重和欣赏将是扭转局面的唯一可行的出路。

沃伦·本尼思,领导学领域首屈一指的专家,被《福布斯》杂志誉为"领导学大师部落的酋长",不仅研究领导学,并且亲身实践领导力,20岁时在二战时期的德国战场上任美军最年轻的步兵指挥官,任大学校长长达26年,美国商会董事,曾执教于哈佛大学和麻省理工学院,《财富》500强企业的咨询师,4位美国总统的顾问,直截了当地解析《商学院如何误入歧途》。本尼思明确地指出对"科学性"的过于注重和追求,导致商学院毕业生受训的分析技能与面临的复杂管理任务之间严重脱节。"在必须用混乱和不完全的数据作决策的商业领域,统计与高级方法论的应用可能会使管理者更加盲目而不是更加清醒"。"今天,完全可能在管理学教授中找到这种人,他们除了作为顾客以外从来没有进过任何一个真正企业的大门"。他并没有主张完全反对商学院拥抱"科学性"和严谨的方法,而是认为不应当忽略对管理者判断力和领导力的培养。

不难看出,有一个共同的观点贯穿于四位学者的论述,那就是商学院对科学性和学术性的极端推崇以及同时对管理技能、理论与实践的相关性及人的忽略。另外一个值得注意的现象就是这四位拿商学院体制开刀的学者全是管理学领域的。这便引出一个令人思考的问题：为什么只有管理学领域的人才关注商学院的种种弊端呢？

有几种可能的解释。猜测而已。商学院其他领域的教授们，或者因为本领域科学化程度甚高，已经基本上不需要关注与现实世界的联系，比如经济学，可以以学术的名义自娱自乐，反正经济学有用没有用大家都得学，还都得考过；或者研究对象是一个具体的职业，比如会计学，可以像医学那样学以致用，至少哈佛两个会计教授把几个业绩指标凑在一起，贴个标签儿"平衡计分卡"就能名扬世界，所以毫无怨言；或者学科进入门槛儿较高，比如金融，数学公式一点儿不比经济学少，再整几个类似物理学一样精致的定理，干脆更加职业和玄妙一点，隆重推出"金融工程学"，可以到华尔街挣大钱，商学院教书混好了也能挣半个百万美金。又有那么多盼着到华尔街挣比你更大的钱的学生们支棱着耳朵听你侃，宾主尽欢，得意还来不及呢；或者学科本身根基浅，地位不牢靠，比如管理信息系统，IT转冷以后，学生兴趣大减，当年直逼金融系和会计系的教授工资现在也比其他系惨；或者科学化程度还不如管理学走得远，比如市场营销，光讲战斗故事也能对付一阵子，虽然有一部分学者要把营销搞得像经济学一样去玩数据、建模、搞科研，上课的时候真正想卖和好卖的货色大多还是战略管理领域的东西，自己的学科名分以及独立性还没整周全。

所以说，商学院里，别人要么无所谓，要么过得好好的，要么无可奈何。只有管理系，原来想用科学的办法过得更好，现在又想用实践的办法过得更好。当然，商学院，有的也称管理学院。管理才是商学院的主要存在原因。因为在实践中对应的管理活动，是企业经营的主要功能。自己创业也好,当职业经理人也好,管理技能和艺术至关重要。缺什么,管理者可以聘什么。你是管理者,你可以根据需要雇经济学家当顾问,雇金融家理财,雇会计做账,雇工程师管生产,雇营销者闯市场,而管理,必须靠你自己。你当然也可以雇管理者,那样的话,还要你干什么?!

你说,我就是管理系毕业的,但我不会管理。好么,这时候你不骂管理系才怪呢。什么狗屁管理学,纯粹瞎掰!

我想,这可能就是四位管理学明星学者的忧虑和质疑的初衷吧!

(2005年11月18日于美国伊利诺伊州春田市)

商学院的终结？

上文说到,斯坦福大学的杰夫瑞·菲佛、麦吉尔大学的亨利·明茨伯格、伦敦商学院的萨门绰·高沙儿、南加州大学的沃伦·本尼思等对现行 MBA 教育的弊端分别提出了自己的质疑。从实用的角度看,笔者似乎有些倾向于同情他们对商学院过于科学化而忽视实践相关性的弊端进行的共同的批评。

经济学,在商学院里,通常是 MBA 的必修课。让我们举商学院中的经济学家为例。这些职业经济学家,大多是以经济现象为素材、借口、平台和境遇,玩弄智力和数学游戏的学人。而真正要经世济民的人往往并不真正懂经济学。也就是说,懂经济学的人通常不懂经济,不能解决经济问题;懂经济的人,正在解决经济问题的人,通常不懂经济学。

然而,如果我们不自欺欺人的话,上述现象实际上并不是什么大不了的问题。各自有各自的任务和使命。经济学的目的和使命在于保持和推动经济学作为一个学科和研究领域自身的发展,而搞经济的人的任务和使命是实际去搞经济,而并不是为了去应用所谓的经济学。实事求是地说,经济学在某种情况下可以帮助搞经济的人去更好地搞,而搞经济却不一定必须先弄懂经济学或者先弄懂所谓的经济理论,尤其是那些貌似神乎其神、煞有介事的高深理论。

真羡慕经济学家,谈经济就好像谈物理现象一样精确具体。什么过热、过冷、局部过热、暖中有冷,我预测今年 GNP 增长 8.7932%,好像医生给病人量体温一样科学准确。什么急刹车、软着陆,就像开汽车、开飞机一样实实在在和栩栩如生。那些更加敏锐的记者们说得可能更形象,更玄,更大手笔,要么就是突飞猛进、日新月异,要么就是国民经济已经到了崩溃的边缘。而管理学的这帮傻蛋们连个小小的企业里那点儿破事儿都整不明白。

真是悲惨,令人汗颜。

强调理论重要性的人,通常会引用凯恩斯的一句名言:"每一个自认为不受任何理论约束的政客都注定是某个虽然已经见鬼但其理论已经成为常识的理论家的奴隶。"说得真是乖巧。其实,话也可以这么说:"任何高明的理论家的理论可能都只不过是除了理论家外尽人皆知的某位高人精彩实践的一种抽象概括和总结。"这是笔者本人的原创,大家尽可以免费到处引用,但是请您千万不要忘了注明出处。

所以,我们根本没有必要过于拔高学术理论的价值。一个人性生活的美满程度跟是否精通或者是否先去系统地学习一下性生理学和性心理学没有什么必然联系。

上述判断对管理学应该说同样适用,只不过管理学还没有像经济学那样走得离现实那么远,当然管理学理论也没有达到像经济学那样精致和严谨。好在学管理的人,在管理学还远没有像经济学那样为科学而科学的时候,就已经迷途知返了。而学经济学的人还热衷于不厌其烦地告诉公众他们如何不够聪明,一如既往地嫌搞经济实务的人因为不懂经济学而显得那么愚蠢而竟不自知并主动求教。

说实在的,即使管理学按上述四位学者主张的道路去发展,它也不可能成为导致企业成功的不可或缺的必然条件。因为,管理者,不像医生、律师和工程师那样,可以经过技术培训而上岗按规矩工作。实际上,其他具体专业的聪明人或比较精明的人,不用学管理学也能搞好管理,当然学一点可能锦上添花。但再聪明的人,不系统学医、学法律、学工,是不可能胜任医生、律师和工程师那样的工作的。

因此,管理不是一个职业,而是一种功能。医院里有管理者,律师事务所里有管理者,工程部门有管理者。有人说,管理学是一个没有实习场地的学科。大概有些道理。

理论与实践相结合是一种理想,但在实践中更多的存在状态往往是二者的分离。本尼思引用了哲学家怀特海的一段话:"世界的悲剧在于有想象力的人很少有经验,有经验的人鲜有想象力。"

从这个意义上说,成为管理者,也很像一个人成为父/母一样,年轻的时候赴任,缺乏智慧经验和理论指导;年老的时候赴任,虽然阅历和知识渐丰,但又缺乏能量和体力。当父母之前,好像没谁专门去系统学习怎么当,而别人的理论、上一辈老人的理论和经验,不是听不进去,没真正理解,不能正确运用,就是被认为已经过时,不再适宜。因此,修行还是要靠自己。

当然,父母无论当得好不好,每个人都有上岗的权利。管理者,可能还是需要某种过滤。比如,哈佛商学院根本没有本科生。让一帮很少进过企业的教授跟一伙从来没见识过企业的人讲管理理论和艺术,基本上跟英文系研讨维多利亚时代英国诗词相差无几,从审美的角度出发和为读书而读书的理想看才比较有意义。

也许,以后上MBA学管理,也要像上体育运动学院要有一定的身体本钱和基本素质一样,得先有一定的基础,有一定的实践经验和发展潜力。

当然,菲佛的证据说,有没有MBA跟职业成就没太大关系,这并没有说明MBA项目一钱不值。事实上,一流院校的MBA毕业生照样是行情看涨,投资回报优异。问题的实质是,其他学位和专业的聪明人,也可能走上管理岗位,并且进行非常出色的管理。这跟"不是计算机专业的人也可能非常精通计算机"是一个道理,不能据此就说计算机专业教学方向错误,效果不力。菲佛也知道,很多非常优秀的学者也是课堂上深受欢迎的教学主力。菲佛本人就是最佳证据。

还有,明茨伯格推崇的跨国跨大学项目,实质上已经成为管理者的在职培训,不但费用惊人,一般人付不起,而且也无法在学员入道之前最需要的时候为之打下根基。这很像中国的EMBA,是管理者小有成功后的交流、验证,以及系统化的回顾、反思和梳理。这一群体的人集体组织到某地小住几日,上课兼带考察,班中手眼通天者可能会找来当地警车开道,秘书全程打理。对不起,明茨伯格先生,没有警车开道的弟兄们怎么办?所以,我们还非得既要MBA,也要"管理者",而不是像你说的那样非此即彼。

再有,高沙尔教授将企业界的丑闻失败主动归根于MBA教育的失误,勇于自责的赤诚之心诚然可贵,但这个单我们实在埋不起,也跟商学院没有多少干系。我们不应该,也并没有厚颜无耻地声称企业界的成就和管理者的功绩是MBA或者商学院教育的结晶,我们根本没有那么神奇。我们当然也不会认为那些企业界的败类是在商学院混过才变得如此卑鄙。不能因为驾飞机撞世贸大厦的人在某个飞机驾驶学校学过开飞机,就指责该驾校导致恐怖主义。

最后，本尼思教授说我们现在偏重研究的 MBA 教授们爱玩弄方法论，喜欢摆弄"硬武器"，愿意教自己想教的东西，而不是未来的管理者真正需要的东西。问题是，谁能真正系统地传授所谓领导力的秘密？没有科学研究的系统知识积累，哪怕是非常不着调的知识，如何知道你的领导力理论有效？我们怎么知道你的领导理论比德鲁克的领导理论适用？比明茨伯格的领导理论高级？比菲佛教授的领导理论精辟？

如果是靠信心，信则灵，大家都去读《圣经》好了。神学院比商学院有实力。

MBA：你说到底有多神奇？

在对商学院过于偏重研究的倾向反思之余，我们也不能不正视商学院里科学研究的重要性和继续存在的意义。作为一个学术社区而言，商学院的教授至少可以以研究为职业，做一个匠人，就像经济学家一样，不一定非要去惊天动地，受人吹捧，像德鲁克、明茨伯格和本尼思教授一样被誉为大师。每个教授都像大师一样那么有艺术，那么有话语权，那么深谙管理真谛，那么这个世界将成为一个疯狂的世界。何况，像德鲁克那样的大师基本上无法复制。

但职业人士可以培养。系统的知识积累，即使没有直接的商业管理实用性，作为思考和分析的素材也会使学者以及与他们打交道的学生和管理者从跳出实践之外的冷静观察中受到启发和警示，从而至少间接从中受益。即使再年轻再没经验的学者上课，背后都会有整个学术界该领域内巨大的文献支持，至少可以显得有章法和体系。

所以，商学院里，理论和实践并非完全不搭界，也并不一定就是非此即彼。

回顾过去，以美国的商学院为例，大概在1950年左右，普通商学院里的博士学位拥有者仍然为数不多，主要还是由退休经理和各类有实战经验的人授课，充其量只是职业训练，比如如何打字、写报告、开会等，不能称为大学水准的教育。

正是在这个背景下,关于商学院困境的几个重要的研究报告推出后,在AACSB(原名为"美国大学级商学院联盟",现在因其全球视角改名为"大学级商学院促进会",英文缩写在改动后恰好未变)的帮助下,众多的商学院才开始拥抱学术研究,以期提高商学院在大学社区的地位和在商业社区的公信力。

现在,即使商学院强调实用性,也不应该回到当年的老路上去。好不容易建立起来的研究传统不能轻易丢弃。

也许,商学院可以请更多的"实战派"人物做"兼职教授"或者所谓"临床教授",尤其是那些小有成就的管理者和企业家们,讲授创业真经、管理亲身经历。但问题很明显,讲战斗故事,说评书,抖机灵什么的,搞几次讲座、报告会还行,谁都会争相把自己的最精彩之处和拿手好戏在最短的时间内全部绽放出来。问题是,要上一学期课的话,就不那么灵光了,总不能老是讲那几个笑话吧?当然,靠教书吃饭的"职业"兼职教授(在美国称为讲师,非教授待遇)另当别论,他们通常有博士学位而不再做研究,教书非常精彩,深受学生欢迎。

无论如何,商学院的主角是教授。

当然,笔者这种谬论显得有点儿自卖自夸。没错。世界上哪个专业都是极力保护自己领地和利益,防范业余侵袭。为什么商学院就那么慷慨?

一个教授从小到大读二十余年书,拿到博士学位才有资格加入商学院。又是十年寒窗坑命研究发表论文才可能坐到教授的位置。外来个刚发了财的企业家,到某商学院给了个把讲座就到处宣称自己是××管理学院的兼职教授或客座教授。你根本就不是教授,没有在教授这个职业里。没有原职,怎么能在这儿额外客座或兼职?如果任何行业的成功人士都可以到商学院搞个兼职"教授",您想想,那些教授们怎么会愿意?谁见过有多少企业非常大方地给教授们"兼职 CEO"或者"客座 CFO"了?

那么我们到底应该怎么看待商学院的现状和前景呢?

商学院确实没那么神奇。商学院不可能把一个不具备管理者基本素质的人铆劲"培养"成出色的管理者,就像体院不可能把一个不具备身体素质的人培养成出色的体操运动员一样。

但是,学,还是比不学强。至少可以知道点儿管理的基本路数。路数可以迅速地在课堂上了解,为日后作知识储备。路数也可在工作中摸索积累体会。但是,在管理岗位上,怎么用路数,就是艺术了。管理,发挥,关键在应用。应用,基本上教不了。

曾经担任过《哈佛商业评论》编辑的尼古拉斯·卡尔在自己的博客《你的塔到底有多象牙?》一文里写到:"说真的,好的管理,大致是 30% 的常识、30% 的分析才能、30% 的个人魅力,再加上 8% 的残忍无情和 2% 的专业知识。"精辟!

正常的心态,无论是学校还是学员,应该把 MBA 当成是一个筛选机制,是练功房、交流场所,是一个门槛儿、俱乐部、通行证。只有真正喜欢管理并有可能成为一个合格管理者的人才,才应该被录取。学完以后,你也不可能马上就精通管理,胜任管理,只能说是大概知道管理是怎么回事儿。

用这种心态来看,现在的 MBA 教育其实也没有差到哪里去,商学院的院长们也不会只因为有几个人言辞激烈地发表点儿看法就听风是雨。只要 MBA 毕业生雇主不造反,其他人,包括自己人,说什么都没有多大意义,也听不进去,丝毫不耽误商学院(尤其是一流的)你追我赶地涨学费,竞相在全球扩张势力。

那MBA学生不就不合算了么? 根本不用担心。一下子砸出去那么多钱,谁都不可能不算计。学费贵,照样有人上,就说明学生具有对日后很快收回这笔学费投资并挣得更多的心理预期,而且这种预期由就业市场撑起。如果这种预期不能兑现,MBA自然会走势低迷。我们知道,现如今的年代,谁忽悠谁都不那么容易。

商学院,其实也还是有些神奇。一些雄心勃勃的人,拍出那么多银子,耗费两年的时间,全职的还得搭上两年的工资,能作这种承诺的,都是有点儿小愿望的人。再说,出了校门,走入江湖,交友都存戒心。伪装这么多年,再回到校园,不跟到了幼儿园一样了么? 在这个俱乐部里,很可能再交上称心的朋友,演绎终身的友谊。单说那么多聪明人聚到一块儿思考和讨论一些大家共同关心的话题,本身就很精彩。各色人等都有的教授堆儿里,没留神再碰上几个有点儿玩意儿、对脾气的侃爷,齐活!

MBA,也是一种境界。

值不值,得问自己。

(2005年11月18日于美国伊利诺伊州春田市)

镜子麻衣装管理

那几许蔚蓝色甚是令人痴迷

- 战略管理：游走于独特性与合法性之间
- 我们到底是吃哪一路的？
- 那几许蔚蓝色甚是令人痴迷
- 与其甩脱对手，不如拥抱顾客
- 多点竞争：骚扰与忍让都不可能进行到底

战略管理：游走于独特性与合法性之间

有关战略实质和特点的诠释可谓众说纷纭，林林总总。有的强调其目标导向和长期性，有的关注其方法和手段的创新。既有对竞争互动的重视，也有对资源承诺的垂青。但有一点可以肯定，在企业经营中，战略的实质是取胜，是赢。具体而言，战略的最高境界体现于企业的持久竞争优势和长期卓越经营绩效。取胜或赢，通常意味着脱颖而出，拔尖出众。而要想长期地赢，则需要旷日持久地优秀和与众不同。这不仅仅是一种常识和信念，其背后也确实不乏令人信服的实践证据以及含义深刻的理论支撑。

据波士顿咨询公司创始人布鲁斯·亨德森教授当年撰文称，1934年，莫斯科大学的一位科学家高斯（G. F. Gause）曾经作过如下的一系列比较实验：把两个非常小的动物（原生物）放在一个瓶子里，给予适量食物供给。如果二者是不同类的动物，它们可以共同生存下去；如果它们是来自同类，则无法共生。高斯于是得出了"竞争性排他原理"：两个活法相同的物种不可能持久共生。亨氏将此原理引入到商业竞争之中，一针见血地指出战略的基点是一个组织或企业特有的属性，或曰独特性（uniqueness）。

这种独特性，持久的独特性，界定了一个企业的鲜明特征，从自我认知到外部形象，更凸显了一个企业在实质上的超群之处：它的竞争力，它的战略所依赖的、难以被对手模仿的资源禀赋与能力组合抑或其他组织机制和行为范式。正是由于这种独特性的存在和难以模仿,基于其上的企业战略才难以被对手模仿,长期取胜才有机会成为可能。无论是波特对"差异化"战略的勾勒,还是市场营销文献中对"细分市场"或"利基"的表述,其实都反映了对企业独特性的青睐,并强调了这样一个基本思路:战略的制定离不开对企业自身条件的创造性应用。

这种战略视角,与管理学书籍中的通常教诲,不说是大相径庭,至少也在概念层面和应用层面上有着根本的不同。总而言之,管理学教科书中所提倡和兜售的最佳实践和管理诀窍,从统计学的角度来说,都是一般规律和中心趋势(central tendency),是大家回归所向的平均现象。如果向这个目标努力,顶多是保持随大流,与对手达到战略持平,并不能够获得竞争优势和卓越绩效;如果达不到这个水平,倒是很可能遭遇竞争劣势和绩效低下。所以说,一般的管理学说,从"对标"到"榜样",都是教人怎样不落伍,但并不能昭示如何出人头地。

而战略,至少就它的高级境界来说,讲求的恰恰是出类拔萃。当然,某些战略被学习,被模仿,被替代以后,变成了中心趋势,已经不再具有战略意义。但是,在任何情况下,总会有超乎中心趋势之上的独特战略存在,即统计上所谓的"野点"(outlier),它们并不向中心趋势回归,而是向外拓展边疆。当然,这些独特的野点,离群孤立,要么是出奇地优秀,要么是极端地悲惨。天才和傻蛋的相同之处是都与众不同,而两者之间的关系既可以是天壤之别,也可以是同病相怜,关键在于时间的早晚、际遇的偶然和上天的成全。毫无疑问,战略所关心和祈求的是天才和优秀的一面,最大限度地发现和利用独特性,成为大家仰慕而又高不可攀的闪亮野点。

难道越独特就越好么？并非如此。战略的应用是在一定群体中展开的。因此，对于企业的存在和它的经营战略以及竞争招术而言，还存在一个该企业在该群体中以及在该群体所处的大环境中的合法性（legitimacy）问题，包括行业中的、制度方面的和社会文化等方面的。

社会学中的制度学派强调的是一个组织群体中不同组织间的同形性（isomorphism）或扎堆儿现象。这种同形性赋予一个企业在一个特定行业和社会中的合法性：其行为符合基本社会规范，其做派不违背该行业的基本规矩。这种合法性是正当从业的基础，是从容获取资源的保证，是与其他对手至少持平并能公平竞争的前提条件。而没有这种合法性，企业的运作就可能步履维艰。比如，孙大午的民间融资业务，无论如何有必要，甚至得到大众的同情，却不符合时下的有关法规。而一个激进的外国银行如果依托其全球势力采取极端的竞争手段打压本土银行，也会遭遇本土同业者和公众的集体谴责和抵制。所以，他们必须尽量本地化，或向这方面打扮自己，高喊"与中国共同发展"。

如此看来，要想获得持久竞争优势和长期卓越经营绩效，一个企业的战略必须最大限度地挖掘和利用它的独特性，追求卓越；同时，也要最低限度地保持其社会合法性，在某种底线之上。没有独特性，一个企业不可能有优势、持久的优势，因为大家都半斤八两，基本趋同。如果没有合法性，企业的生存和参与游戏的权利本身可能也会令人焦虑和头疼。所以，一个企业可以技高一筹、拔份领先、优势明显、业绩优秀，但同时又必须让同业者认为自己是它们中的一员，是从业者可望而不可即的榜样，而不是令人不齿的另类异己、人人喊打的对象；要让政府、顾客和社区认为它是社区中的一员，而不只是唯利是图的投机商。

企业既是经济实体,亦是社会实体。对社会形象的关注,很可能帮助增进和提高一个企业的社会合法性,从而正向反馈于企业在经济领域里的竞争和走向。一句话,企业的经营是在一个特定的制度安排下进行的,它离不开具体社会文化环境的约束。纯粹的市场竞争几乎是不存在的,社会关系,不管你喜欢不喜欢,总是存在的并作用于市场交易的,中外皆是如此,程度不同而已。所以,我们没有必要叹息我们的市场还不够完善,制度还不够健全,观念还不够先进。进一步而言,制度的改变不可能一蹴而就,我们必须踏实应对每一天。企业的使命是通过满足某种顾客需求而盈利。它可以试图说服和影响政府和社会去改善制度和经营环境,但改变不改变主要是政府和公众的事。企业不是政府。企业可以努力敦促制度环境的改善。但是,更重要的是,企业要在承认现有制度安排和现状的基础上,专注于竞争领域里的经营和操练,寻求在更利于发挥独特性的空间尽情施展。

河南双汇肉业在拓展全国肉类加工和销售市场的时候,曾受到诸多地方市场现状的制约和当地对手的集体攻讦。比如,几年前双汇进入南方某地市场,其冷鲜肉的售价几乎与当地肉联场的整猪批发价一样,导致当地经营者无法竞争和生存,结果遭到店铺被砸的厄运。当地政府有关部门也不得不以肉源不符合当地进货条例为由,查封双汇的当地库存。面对这种挑战,有的企业选择据理力争,不惜牺牲也要为公道而战,有的企业迅速易地再战,或待他日卷土重来。中国企业在对外扩张的同时,也需要关注如何融入当地市场的问题。温州打火机行业工会成功地运作了应对欧洲"反倾销"的思潮和案件,堪称典范。但中国鞋商的存货(由于过分有竞争力的定价)在西班牙被烧的事件,应该在更大范围内引起我们的重视和警觉。可以说,在竞争优势和社会合法性之间如何平衡,在全球市场范围内,都是一个不容忽视的严峻挑战。

其实,社会合法性即使在一个成熟发达的市场经济体系内也是一个大问题。美国的烟草公司必须花大力气给政府和公众一个说法。沃尔玛也必须对那些被其一路打败的小门脸儿、夫妻店铺们以及当地的民众给个交代和关照。靠技术起家、靠早期自由竞争做大的企业如微软和英特尔,原来以为自己凭本事吃饭,根本不把政府和不太懂计算机的消费者放在眼里。在被政府以反托拉斯法为由整治几回后,它们都变得非常乖。有兴趣的读者可以去考察,自20世纪50年代至今可以找到的管理学课本中,凡是被书中当时引为学习的榜样、管理的标兵的组织和企业,十有八九都在某个时候被美国政府指控过、修理过、惩罚过。因为它们优秀,就极可能为所欲为,招致对手的不满、公众的反感,何况强势企业本身就容易引起公众的怀疑和不安。所以,再优秀的企业也不能太猖狂。

在一个和谐社会里,富人是穷人的榜样,而不是仇视的对象。在一个鼓励竞争的市场中,大家努力追赶业绩优良的标杆,而不是盘算如何向政府告状。然而,现实并不总是那么理想。因此,一个企业在考虑其社会合法性的时候,必须考虑到中国社会的现状。既要盈利,更要为人民服务,也要争取得到社区的认可和政府的表扬。关于企业及其战略的独特性和合法性的结合,最近的一种说法很时髦,也很贴切:更社会主义,更市场经济。

(2005年10月20日于海淀上庄)

我们到底是吃哪一路的？

在大批网络公司风起云涌而又灰飞烟灭之后,一个原先很少有人提及的术语逐渐变得为人熟悉,那就是商业模式。商业模式的实质,就是一个企业的持久收入和利润从哪里来。就网络公司而言,你是做门户、搜索,还是电子商务,抑或内容、渠道、平台通吃？是靠商家广告、中介代理、买卖产品,还是向用户收费来挣钱？说白了,一个公司必须问自己这样一个基本问题:"我们到底是吃哪一路的？"

其实,这个问题不仅是网络公司需要仔细回答,传统领域的企业也必须认真应对。广而言之,"吃哪一路"的问题关系到企业的使命和定位。没有明确的使命和清晰的定位,一个企业不过是瞎跌乱撞,可能短期内碰巧很火暴,其长期生存、发展和成功也就基本上无从谈起。

使命定位清晰明确的一个经典案例便是肯德基,其口号为"我们做鸡最拿手"(At KFC, we do chicken right)。当然,网上关于这句口号有N种搞笑的翻译,比如,"我们在右边做鸡","我们做右边的鸡","我们有权利做鸡","我们做鸡是正确的"。其实,他们应该卖我的专利口号,那就是"要吃鸡,肯德基!"如果肯德基以后用了这个口号不付我专利费,读者诸君给我做个证人。

定位清晰不错,禽流感来了,做鸡的着急上火了。这时候定位越清楚,越有问题。为了规避和分散经营风险,很多企业都采取多元化经营的战略,至少是产品层面的多元化,肯德基也不例外。进入中国市场以后,极力地往本土化打扮,不断推出更适合中国消费者口味的新产品,葡式蛋挞、皮蛋瘦肉粥什么的,猛整。和鸡根本没关系。这种离经叛道的做法在其发源地美国市场上几乎难以想象,然而,它却帮助肯德基在中国市场上增进了品牌形象和对顾客的亲和力。皮蛋瘦肉粥的推出更使它稳固进军早餐市场。

本来肯德基在美国是快餐店,顾客平均停留15分钟。到我们这儿,大家一看环境不错,打牌,下棋,会朋友,聊天儿,做作业,不走了。于是,肯德基成了像小资们喜欢去的星巴克一样的第三场所。杭州等地的茶馆儿就是这种功能。北京的茶馆儿,你得问单位开了支票才敢进,除非你愿意跟准小资们到仙踪林喝个姜母红茶,或者跟预备小资们到避风塘水吧去"放题一"。以此观之,肯德基多元化在中国很可能应该在店铺管理和营造第三场所上做文章而不是想着要怎么整些"烧鹅仔"、"烤全羊"什么的。可以说,上校之意不在鸡。

谁多元化都不能只看行业是否暴利,而不看看自己是否有相关能力并是否比较知趣。胡乱折腾,顾客们也不能答应啊。是个小门脸儿,就敢在玻璃窗户上写满"南北大菜,迷宗离奇"。要不就隆重推出"工薪阶层也能吃得起的鱼翅浓汤和迷你鲍鱼"。工薪阶层没事儿吃什么鱼翅?富翁们认为贼便宜的鱼翅价也够工薪阶层卖一年的粉丝了,更不用说可以若干次享受老边饺子、狗不理。

虽然公司总部总体经营范围可以多元化,但每一个具体业务仍然离不开要搞清楚"我们到底是吃哪一路的"这一使命和定位问题。你可以假设如果你们小区的人每家每月都上你的杂货店去一次的话,你一年以后就可以天天吃鲍鱼。但问题是你可能并没有给任何人一个清楚的理由,为什么人们非要来你这里。清晰的定位是持久经营的关键问题。

新东方当年没有期望中关村的每个人只要每人来听一次课就如何如何,而是要让"想出国的人"全都去那里学英语。如果他们当时在弄英语之余再把美国大使馆签证处搞定,那老俞可比外交部神气。至少,他们当年要咨询我,我会建议他们直截了当地满世界打广告:"要出国,找老俞!",虽然跟那些"我们的目的只是要帮助大家提高英语"的二路货色们比,老俞已经非常露骨地清晰。

老俞当然也确实为全球英语事业运动在中国的发展作出了不可磨灭的贡献。纽泽西小镇帕西盆尼美东中国杂货店卖包子的中年妇女都认识老俞。英国那么多留学生肯定有混得出息的,应该联名上书英皇秘书处,请求女皇在适当的情况下考虑在不久的将来自己的某次生日庆典上给俞老师授荣誉爵士称号。那可比张导最近在港大得的荣誉博士风流多了。

还是回到正题上来,实际的定位清晰可以使顾客习惯性地长期光顾,无法拒绝你;而在宣传和口号上的定位清晰至少能使人有那么个机会知道你,认识你,甚至爱上你,依赖你。比如说,虽然我现在还没有对各类锁有立马的需求,并且也根本不知道"李文锁城"到底在哪里,但我确实记得北京很多公共汽车身后都背着"李文锁城"的标记。我也知道"买手机到中复",虽然我并不知道他们到底怎么样,虽然我也没有任何自己能说清楚的原因,但我就是不用手机。

(2005年11月19—20日于美国伊利诺伊州春田市)

那几许蔚蓝色甚是令人痴迷

一个理论或者学说,如欲欣逢时运,通常需要借助于某种令人顿觉耳目一新的说法或名称。这种名称通常给人们以充分的想象空间:去体味,去联想,去发挥,去追求,去拥抱,去应用,不管究竟是否合适,实际有没有用。哪些理论真正经久实用,哪些学说只是暂时流行,只有通过时间才能得到验证。在战略管理领域,欧洲管理学院的金昌为教授和莫博涅教授的专著《蓝海战略》正在全世界同步畅销,据说该书已经被翻译成26种文字,创下了哈佛商学院出版社的版权输出记录。即使在这个环球同此凉热的时代,这也不能不说是一个奇迹。

好一个名称如此响亮!

乍听《蓝海战略》一词,不禁使人想到20世纪80年代末期一些精英知识分子在《河殇》中所鼓吹的"拥抱蔚蓝色"。放弃在红海(现有市场)中的穷杀恶斗,力争在蓝海(新创空间)中自由驰骋,《蓝海战略》今日如此怂恿。了断黄土情节,决裂酱缸熏蒸,拥抱海洋文明,追寻蓝色的梦,《河殇》当年这样煽情。朦胧中,我在想,《蓝海战略》这样的比拟到底会不会是《河殇》的再版。无论如何,两相比较,有一点可以肯定,人们对"新奇"的追求、对"净土"的渴望可谓生生不息、万世不宁。这种追求和渴望无疑顺理成章,容易理解。而我要提请读者诸君注意的则是这种追求和渴望的理想成分以及其实现的可能。

现在，让我们把《蓝海战略》的主要贡献放在战略管理的全景图中，来看一看它的特异功能。

简言之，我们可以把战略的成功归结为不战而胜和战而胜。孙子的"不战而屈人之兵"的思想，在当今的战略管理文献中，主要体现在波特的产业结构分析法和资源本位企业观这两大主流学派的观点中。前者强调产品市场上的垄断强权和进入壁垒，后者强调资源市场上的偶然运气和战略远见。一旦有了强大的市场定位或独特资源，强势企业便可独占高山，耀武扬威，大行其道，其他选手只好俯首称臣，望峰兴叹，不去挑战。在这种地主庄园式的市场中，秩序井然，基业常青，地主往往世代都是地主，贫农基本辈辈还是贫农。

战而胜，相对于不战而胜，似乎大有不甚优雅之嫌，甚至被当作不得已而为之的下三滥。达文尼（D'Aveni, 1994）十年前的超级竞争学说倒是公开为战而胜作出了最好的代言。该学说认为地主庄园每天都面临被革命的危险，可谓创新之举天天有，各领风骚两三年，仿佛产业壁垒瞬间坍塌，霸主地位昙花一现。英特尔公司前掌门人格鲁夫"只有惶惶不可终日者才能生存"的名言更是为此学说添瓦增砖。在这种环境下，不战基本不可能，穷追猛打、互相厮杀才是家常便饭。也就是说，战，也只有战，才能屈人之兵。不战，连生存都没有可能。

《蓝海战略》应该说更接近不战而胜的理想，但其主旨并不在于，甚至不在乎，屈人之兵，而是在于与世无争、独辟蹊径，专注于提高自己的水平，而不是打压对手的威风。同时，《蓝海战略》又与《超级竞争》一样,继承了熊彼特创新理论的衣钵,凸显创新在价值创造过程中的至高无上的作用,只不过《超级竞争》强调的是争斗的一面,而《蓝海战略》提倡的是不战(不在红海争战)的可能。如此,应该说,《蓝海战略》从创新的角度丰富了"不战而胜"的理论传统。也就是说,地主庄园以外,还有再建新庄园的可能。

而我们要关注的恰恰是这种可能性。一般来说,熊彼特式创新的机会并不是比比皆是,复现频仍。这也就决定了资源本位企业观、产业结构分析法、超级竞争学说和蓝海战略理论并存的必要性。只因为《蓝海战略》提出之新,并不说明它能取代现有经典,并将它们扫荡一空。产业结构法和资源本位观分别强调的是垄断定位的不可挑战性和资源的有价值、稀缺、不可复制、不可替代性。在这种理论能够成立的环境中(比如独此一家,别无分号;再比如,在迈克·乔丹时代,所有对手能够达到的顶峰最高也就是第二名,除非你拉乔丹下蓝海比赛乒乓球),这意味着某些"红海"中的企业永远也看不到蓝海的踪影。

其实,仔细想想,今天的红海无非就是昨天的蓝海,如果没有红海的存在,也就无所谓什么蓝海,而世界不可能到处都是蓝海。

金教授曾在《哈佛商业评论》发表一篇文章,引用六则韩国谚语讲述一些管理道理。我们也不妨讲一讲我们中国的故事。《红色娘子军》里的吴琼花就是蓝海英雄。可以说,跳入蓝海,恰如逃出地主庄园。"只要打不死,我就跑。"但是,跑出来的毕竟是少数,并且,成事的前提,是有党代表的正确指引,是有轰轰烈烈的革命背景,是有熊彼特式创新的机会和可能。

如果你不知道有蓝海,《蓝海战略》告诉你蓝海可能存在。

如果你不了解蓝海,《蓝海战略》帮助你为蓝海观象把脉。

如果你不敢下蓝海,《蓝海战略》鼓励你放开大步朝前迈。

如果你根本就不属于大海,最好还是把《蓝海战略》忘怀。

动物园里有不同的动物。有的是路上神仙,有的是水中魁元,有的是水陆两栖的典范。如果大家都"蓝海",那便无异于学步邯郸。比如说,对于一个一辈子都不曾坚持运动,现时病入膏肓、行将就木的人来说,宣讲"生命在于运动"恐怕只能更快促其早死,还不如规劝其"顺其自然"。

在过去的若干年里,我曾在我的课堂上极力推介《蓝海战略》中的理论观点和方法,因为它们新颖实用。在今天《蓝海战略》声势浩大、铺天盖地、大有夺人耳目之势的当口,我却要奉劝大家多一些处事不惊的理性,少一些没来由的激情。

事实上,《蓝海战略》中的主要观点(产品创新和市场创新)和方法(价值线或曰价值折线图法以及产品和服务功能的增减添删等手段)自1997年来已经不断见诸两位作者在《哈佛商业评论》上的一系列文章,在关心战略管理的群体当中应该说是颇有影响,受到大家的瞩目和欣赏,但其影响的深度和广度还没有达到被写进主流派标准教科书的水平从而在教学中得到广泛介绍。这次结集成书,基本上是给原来的材料戴了一顶"蓝海"的帽子,并无多少新的惊世之言或出海指南。但就其理论贡献和实践意义本身而言,此书确实堪称一本关于战略管理的重要著作,非常值得阅读和收藏。

如此,这本2005年的新书,与其说是开张志喜,不如说是八年店庆。如果当初错过了一睹"小荷才露尖尖角"时的愉悦,现在满塘的花繁叶茂也不失为观景的良机。只是在您感叹"风景这边独好"的时候,千万不要忘记"山外青山楼外楼"。风景处处有,美在各不同。

(2005年8月29日—30日于伊利诺伊州春田市。本文曾由《商学院》月刊精简编辑后于2005年9月以《拥抱蓝海》为题刊登。)

与其甩脱对手，不如拥抱顾客

我在《竞争优势：解剖与集合》中曾经作出如下基本判断：如欲获得或保持竞争优势，一个企业可以做的无非是这样两类活动：一是提高自己，二是打击别人。前者注重创新，后者注重遏制。当然，二者可以同时并举。创新，可以在现有市场的竞争中进行，也可以通过开辟新的市场而实现。同样，打击对手，可以在现有市场中展开，也可以通过市场创新而实施。值得一提的是，这种市场创新，虽然有打击对手的功效（而且经常是无意的或间接的），其出发点其实仍然是为了更好地提高自己为顾客服务的能力。

在一个特定的市场中，一个企业可以铲除对手，收编对手，或者与对手长期僵持。而现时大家所关心的所谓"甩脱对手"的说法似乎令人费解。如果对手已经被甩脱了，它还能被认为是对手么？同在一个市场中，又怎么可能将对手甩脱呢？商战不同于体育竞赛。在体育竞赛中，甩脱对手就会脱颖而出，赢一次。而商战则是有连续性的，通常没有固定的终点。因此，只要对手不死，就无所谓什么"甩脱"，只是对手在某一轮的竞争中暂时没跟上而已。

微软可以铲除或收编对手，一家独大，坐享垄断利润。而在双头垄断、寡头以及更多企业共存的市场状态中，更常见的则是僵持。可口可乐和百事可乐在软饮料行业争斗了一百年了，谁甩脱谁了呢？常言说得好，不是冤家不聚头。是对手就会狭路相逢，能甩脱的都不是对手，至少不能称为真正的对手。最精彩的竞争往往是一对一的竞争。这里，强劲对手之间的较量和比拼通常可以逼迫双方选手共同提高自己的水准。没有真正对手和激烈对抗的游戏通常黯淡无光。

其实，在某些市场中，对手可能是永远甩不脱的。更进一步而言，一个企业可能主要是为对手存在而不是为顾客而存在的。没有对手也就没有游戏。这些游戏或竞争注定是对抗型的，要有厮杀，有回合，有输赢，类乎零合博弈，比如打篮球、踢足球，有身体接触，对抗性强。而有的游戏或竞争则有可能是非直接对抗性的，没有直接的接触和碰撞，与其说是与对手竞争，不如说是与自己竞争，比如体操或跳水，更多的是提高自己的可能，很少有直接干扰和打击对手的机会。再说，没有直接对手和直接对抗，倒也无所谓甩脱。

而真正意义上的甩脱，实际上是"遗弃"，你自己主动离去。与其说是遗弃对手，不如说是遗弃现有市场，去创建没有（或少有）竞争对手的新市场，去下"蓝海"，至少是在现有市场中开垦新的利基或细分市场。

有些企业喜欢激烈的群体运动如篮球、足球，以经常打败对手而荣。有些企业喜欢能够发挥个体特长的项目如体操、跳水，自己关门单练。我体会，我们现时在受《蓝海战略》一书感染下所推崇的"甩脱对手"的思路，应该更靠近体操和跳水等项目的注重自我完善、不断积极创新的精神。

然而，让习惯了火热激战的企业去"甩脱"对手，正像让习惯打篮球的人去练体操一样,不但要成功地洗脑,还要从头恶补基本功,恐怕是吉少凶多。在激战中呈强势的企业,不会轻易自动放弃欺侮或吃掉弱势对手的快感,不会去想什么甩脱。弱势企业,之所以弱势挨打,很可能是迷恋于篮球比赛的精彩而又没有足够的竞争力。它们倒是可能想甩脱对手,鹤立鸡群,而更强大的对手则是甩而不脱,得意洋洋。同时,这些弱势企业通常也缺乏练体操的兴趣和实力。所以,实践"甩脱对手",练体操学跳水,最好还是从娃娃抓起。新企业没有传统的顾忌,往往容易通过自己的创新,冲击以往的思维定式,走出传统惯性的误区,打破现有市场的格局。

苹果计算机公司的前高级经理 Guy Kawasaki 曾经在其《革命者的规则:资本主义宣言》一书中提出"跳到下一个增长曲线,而不是在现有曲线竞争"的说法,应该说道出了"甩脱对手"的精髓。在19世纪和20世纪之交,美国东部曾有人将河流中的冰大块砍伐,运往澳大利亚,减去运费和损耗,仍有盈利。于是,伐冰成为一个产业。对手间竞争的焦点是如何高效率地砍伐和运输。这些伐冰的人显然是不会去发明制冰技术的。河里有现成的,为什么还要造呢?当制冰技术广为传播之后,伐冰业便偃旗息鼓了。而制冰业对手间竞争的焦点则是如何高效率制冰和配送。制冰的人并没有发明电冰箱。我们这么有效率地制冰,哪用个人家庭自己费工夫呢?同理,电冰箱厂也不会发明生物技术,从而使得现在需要冰冻储存的东西可以在常温下储存。每个现有企业都习惯于在现有曲线上竞争,娃娃企业开辟新天地,启动下一个曲线。

不言而喻,甩脱对手是不容易的。但是,"蓝海"航行也并不是不可能。甩脱对手的实质是自己的产品创新和市场创新。这一点无疑是需要肯定和褒扬的。但是,我想进一步强调的是,问题的关键不在于是否有对手或直接面对对手,而在于通过创新更加准确有效地满足客户需求。所以说,与其甩脱对手,不如拥抱客户。

其实,创新的实质目的是为了更好地为客户服务,提供卓越的价值。企业最终应该盯住的是客户而不是竞争对手。战略专家大前研一曾经在20世纪80年代在《哈佛商业评论》撰文,规劝大家"回归"战略的本质:千方百计为顾客提供最需要的服务。比如,当时美国市场上的咖啡壶千篇一律,对手厂家你争我抢,比的大多是表面上的文章。你的可以定时开关,我的可以自动调节浓度。你的5分钟烧好,我的3分钟一壶。你的表面磨光闪亮,我的外观愉悦温馨。但是,你去问这些厂家的设计师们,人们为什么要喝咖啡?就咖啡壶本身而言,什么功能和工序决定咖啡的味道?几乎没有人能够准确地回答。再访问咖啡酿制专家后才知道,原来咖啡壶对水的处理那一环节对咖啡味道影响最大。如果厂家竞争的着眼点是如何使其咖啡壶酿制出的咖啡比别的厂家的壶烧出的味道更好,而不是各类表面上看似高级的功能,那时的创新才是真正有用的创新。

80年代,日本电器风靡美国市场,惹得美国脱口秀《今晚秀》的主持人如此自嘲:"美国市场上最好的烤面包机大多是日本造的,而令人可恼的是日本人根本就不吃烤面包片。"至少,日本人知道美国人怎么吃。日本人也的确爱琢磨。比如,把西瓜种成方的(容易运输),织出带脚趾孔的袜子(讲究品位),给大鼻子美国人设计出杯口上有凹口的杯子(细心关照)。有些"创新",虽然荒唐可笑,甚至无聊,但其意图却总是在为顾客着想。

日本企业退潮,韩国企业来了。同时,与日韩企业的崛起和经济腾飞相伴,威廉·大内(Z理论始作俑者)和大前研一等日裔作者与《蓝海战略》的金昌为等韩裔学者,也都在管理学领域交出了世界级的答卷。随着中国企业的走出去,我们的管理学人会有什么说法向世人交代呢?总不能老是《易经》、《孙子兵法》吧?

(2005年9月1日—21日于美国伊利诺伊州春田市。本文曾由《21世纪商业评论》精简编辑后于2005年11月以《与其甩脱对手,不如拥抱顾客》为题刊登。)

多点竞争：骚扰与忍让都不可能进行到底

"住在玻璃房子里面的人不互相扔石头。"这是搞博弈论的人经常引用的一句话。没错，一般说来，脑子正常的人都会出于自己的利益和对长期生存的盘算而不得不和那些与之共享资源和空间的人们共同营造和维持某种利于互相交往的基本平台、谅解和秩序。比如，20世纪80年代，两口子吵架，气头上来，可能有人会摔盆打碗，并且口中念念有词："这日子简直没法儿过了！"但是，即使这么说，还真没见有几个人摔电视机的，除非真是不愿过下去了。谁都不傻，用会计学的说法，盘子碗儿是低值易耗品，而电视机是固定资产。在那个基本没有私车和私房的时代，电视机是一家人共享的最大资产，心疼还来不及呢，谁会去摔？

其实，企业间的关系、竞争对手间的关系，有时也非常类似。应该说，一个企业能够将所有对手全部扫地出门、独霸一方、自定规矩的情形是可能会有的。但是，更多情况下，每个企业都必须不断地和竞争对手轮番较量，所以，共享市场是一个习以为常的事实。这时候，企业就都会遇到一个营造和维持基本竞争平台和潜在游戏规则的问题。当然，为了自身利益，企业间必定互相骚扰，去竞争，去挑衅，去攻击。但是，为了能够长期共同生存，每个企业又必须考虑到无节制的互相骚扰可能对整个群体带来的毁灭性打击，因此，该忍着，还得忍着，不能动不动就死磕，每天都摔电视机。互相忍让的动机是为了使游戏能够长久进行下去。

这种互相忍让在多点竞争的情况下尤其普遍。

什么是多点竞争呢？简而言之，多点竞争指的是一组企业（两个或以上）同时在多个（两个或以上）市场上进行竞争，无论是多个产品市场、地域市场或跨国市场，比如，宝洁和强生同时在中国和美国的多种日用品市场上的竞争，柯达和富士在多个国家的胶卷市场上的竞争。

多点竞争区别于单点竞争的最大特点之一，就是通常很难有一个企业在所有点上都能够做大（如果一个企业在所有多点市场都领先，那么其实质无异于单点竞争）。如此，每个企业都可能在某个点上（一个具体产品、地区或国家市场）拥有自己的势力范围。这就意味着，一个多点竞争者，无论总体实力如何强大，都可能在某个点上"小河沟里翻船"。

多点竞争者的另外一大特点就是企业可以在多点之间互相拆借资源，统一行动，共同对敌。一个点上的交锋，可能引发多个点上的反应或是全盘的争斗。这就意味着，多点竞争者在每一个点上的行动可能都需要放在全局多点的视角中去考量，其行动也就必然需要慎重，这可能是求全和忍让的主要理由。尽管如此，我们知道，一个企业，如果在某个点上发迹，就可以以之为依托，辐射其他市场。因此，企业总是希望在某个点上有所突破，从而积累资源和影响，以带动全局。这可能就是骚扰对手的主要动机。而这里问题的麻烦在于"多点"掣肘，"互相"打击。

纯粹为了说明的便利，我们可以假设珠江啤酒意欲强攻北京市场，在大众普通啤酒市场上降价30%倾销。面对挑战，燕京啤酒，单在价格策略方面,可能的选择至少有如下几种:无动于衷、就地反击、迂回包抄、全面对敌。

无动于衷,背后可能有不同的含义。或者显示燕京信心十足,认为对手不值得反击;或者燕京无力还击,可能因为定价已经低得不能再低。但无论如何,这种没有反应的反应是不大可能被采取的。企业领导要做姿态,销售人员关注业绩,面对竞争没有任何行动,似乎坐以待毙。反正得动一动。

就地反击,结果可能是害了自己。在自己的家门口——最大的势力范围内降价回应,无疑是得不偿失。如果不能把珠江(或者其他品牌挑战者顺便一道)从北京市场赶出去,砸了自家的牌子不说,给消费者的信号更是对自己不利:原来啤酒价钱还可以这么低!请大家注意,普通啤酒基本上比瓶装水都要便宜了,再低价这买卖就没法儿练了。

迂回包抄,既有实际作用,也有信号意义。如果燕京啤酒在深圳大规模降价促销,损失最大的应该说是珠江,它必须降价迎合才能保住它在自己主要市场上的领地。迂回包抄给出的信号也很明确,如果珠江继续在北京市场出击,燕京在深圳的降价也会不遗余力。双方只是交换市场而已,而净结果是大家的利润率同时降低。这种相对温柔的批评,其效果可能胜过就地反击。

全面对敌,很可能百害一利。商战通常不是意气用事之地,全面对敌在一般情况下注定显得过激。燕京啤酒,如果由于某种原因(比如,历史过节、个人恩怨等),把珠江当成第一大敌(完全是假设,各位看官和律师们不要太兴奋),那么它很可能会在所有多点市场上进行回应,将降价进行到底。全世界任何市场,只要有珠江啤酒出现，燕京就比它价低。如果双方谁也无法把对手请出局，这种全盘争斗只能给企业带来些许骁勇好斗的名声而已。这也可能是百害之余唯一一利。其他对手以后想挑战的时候，必定有所畏惧，需要再三思虑。

几多回合的多点争斗之后，大家会发现，市场越来越成熟，对手越来越熟悉，信号越来越清楚，规矩越来越明晰。打来打去，在若干大的对手之间，尤其是在每个对手都有自己强大势力范围的情况下，谁也无法消灭对方，而大家共享多点市场成为不争的事实。这时候，相互忍让的可能性也会大大增强，恶性竞争和投机取巧的可能性会急剧减少。大家画地为牢，自然分工，既各自独占一方，又互相渗透交融。

比如，珠江啤酒以优质高价、风味独特的外省品牌形象通过某种特定渠道进入北京市场，成为精品，燕京也可以在深圳如法炮制。你敬我一杯，我放你一马。这样，大家既有在自己家门口的量，亦有在对手家门口的精，竞争的焦点就易于被转移至品质、口味和品牌，而不是一味的价格战。如果一味降价，只能是质量越来越差，对行业长期发展没有好处，也不符合消费者的根本利益，因为，提高生活品质才是关键，而不是只贪便宜。

美国三大啤酒商垄断全国市场，互相对标，采取相同的产品、相同的定价等手段，你到哪里，我到哪里，你干什么，我干什么的做法，在很大程度上，导致了美国大众啤酒市场产品同质化的结果，并不是什么好事。难怪我的一位美国学生毫不客气而又非常形象地说美国的畅销啤酒基本上是"啤酒味儿的水"。

回到多点竞争上来，促成互相忍让局面的原因并不只是大家在互相骚扰几轮之后学乖了,而主要还是实力的积聚和势力范围的存在以及每个企业内部的协调和激励。

就外部因素而言,在多点市场上的交互占先是相互忍让的必要条件。只因为两个企业在多个市场出现并碰面这个事实本身,并不就导致他们惺惺相惜,你给我挠痒痒,我给你上眼药。问题的关键是每个对手都有自己的势力范围,有根据地,有某个地方和某种办法能够打压、惩罚、牵制对手。而且,大家的势力范围的大小和重要性也基本旗鼓相当,在某些点上具有可信的威胁和真实的杀伤力,因此对于对手的行为有约束性。这是"你让我活,我也让你活"的基础。一个没有势力范围的企业,出现的点再多,也很难得到对手的尊重和忍让。

就内部前提而言,相互忍让的关键在于参与多点竞争的企业内部的协调和激励机制的特点。如果企业经营权利分散,不同产品和地区部门之间没有统一的战略和行动协调,这些企业在多点市场上的行动也会表现出各自为政的结局。无论相互骚扰还是相互忍让都无从谈起。这时的多点竞争,不过是多个点的简单集合,各个点之间并不通气。即使通气,也有各个点当地部门自身的利益问题。如果激励机制的设计重在奖励每个点上的业绩,而不是某个点对全局的配合和贡献,那么,多点之间的协调也会出现问题,不可能统一对敌。

比如,如果燕京啤酒在北京和深圳完全是两班人马统帅,独立评判业绩,那么,无论燕京在北京遭遇珠江如何袭击,燕京在深圳的人马也不会主动进行配合,在深圳对珠江进行打击,以牵制其北上的气力。

小时候,看《南征北战》,对其中精彩对白至今仍有清晰记忆:"张军长,看在党国的分上,拉兄弟一把。""李军长,请你再坚持最后5分钟!"勾心斗角,点点滴滴。暗自盘算,皆为利益。

多点竞争,相互骚扰也好,相互忍让也好,关键是要看清全盘,把握大局。当然,没有势力范围,点哪儿都没戏。

(2005年11月10日于美国伊利诺伊州春田市)

俺有品牌俺有荣誉

- 文化的使者,城市的名片
- 敬业是一种境界
- 从卖烧饼说开去
- 从劳模征婚看品牌效应
- 从战略高度看品牌
  ——《品牌大未来》序

文化的使者，城市的名片

10月24日，在由北京飞往华盛顿的班机上，笔者幸遇赴美巡演的北京人艺《茶馆》剧组的艺术家代表团，不禁学着当年郑榕老师扮演的常四爷的腔调念道："嘿，算我今天出门挑了个好日子！"就在人艺即将为华盛顿中国艺术节演出压轴大戏的当口，柏林爱乐乐团也将于11月初抵京，为北京国际音乐节献上历年来最高规格的闭幕式演出。由于公务缠身，两者的精彩演出都将与我无缘。只能借此专栏，从组织管理和组织文化的角度，将两者的特质比较探讨一番，聊以自慰。

一个令世人瞩目和尊敬的组织，通常具有某种超常的价值体系、深厚的文化底蕴、独特的运行模式，并经得起历史的考验和历练。对于一个艺术组织，尤其如此。北京人民艺术剧院和柏林爱乐乐团正是这样令人瞩目和尊敬的艺术组织。它们是文化的使者、艺术的典范。前者是中国和北京的骄傲，后者是德国柏林的城市名片。

说到价值观，据称，北京人艺的信条是"戏比天大"。人艺上下对话剧艺术的崇敬、尊仰和敬畏之情可见一斑。这样一种执著的信念，贯穿于整个组织，流淌在人艺演职员的血脉里。要有玩意儿，艺不惊人死不休！艺术家们经常说的一句话是："没有小角色，只有小演员。"难怪有人说："人艺话剧中，演乞丐的都透着某种贵族劲儿，有范儿!"所谓艺术高于生活,不过如此。

柏林爱乐,德国乃至世界音乐艺术领域的顶尖。其足迹遍布世界音乐重镇、文化之都,其录音广泛传播于全球乐迷之间。信奉自主和谐的音乐生活,追求最高标准的演奏效果。每个演奏员都是一流的音乐家,或是音乐学院的教授,或是独奏和重奏的翘楚,或是室内乐的高手;而乐团整体则是配合默契,群感优良,精湛准确,功底深厚。自信为德国艺术灵魂的终极传成者,任重道远,这便是其核心价值。

一个艺术组织的文化蕴藏通常反映在它所继承和发扬的艺术传统上。北京人艺曾被称为"郭老曹"的剧院,《虎符》、《茶馆》、《雷雨》等名剧,奠定了人艺剧目的核心,体现了话剧艺术殿堂里中国学派的里程碑和精气神。毫无疑问,身处北京的人艺,另外一个特色就是京味话剧的魅力,如《天下第一楼》和《小井胡同》。从历史正剧,到市井小戏,从国外经典,到应时之曲,人艺的演出角色精当,阵容整齐,可黄钟大吕,亦潺潺小溪。人艺在创、导、演上对传统的尊崇,以及基于传统的创新,尤为值得一提。比如,这一轮《茶馆》的演出,就是在林兆华导演新版之后,再次以新的尝试向观众展示焦菊隐导演的原版创意。

柏林爱乐一百多年来,走过的也是尊重传统、不断创新的历程。作为德奥古典乐派的伟大擎旗者、忠实守护者和经典演绎者,柏林爱乐的保留曲目自巴赫、海顿、莫扎特、贝多芬、舒伯特、布拉姆斯、布鲁克纳、瓦格纳,至马勒、勋伯格、亨特米,贯穿古典、浪漫和现代时期的主线。在恪守传统的基础上,柏林爱乐也促成了诸多现代作品的世界首演。从后卡拉扬时代的阿巴多到现任指挥赛蒙·瑞透,柏林爱乐逐步迈向20世纪乃至时下之当代经典。

独特的运作模式,往往赋予一个艺术组织某种传奇色彩。比如柏林爱乐的管理体制采取的是乐队自制的模式。所有演奏员都是柏林市政厅的正式雇员,由政府支付基本工资。经济上不受制于人,乐团便有了很大的独立性和自主权。乐团的首席指挥由全体演奏员集体投票产生,而不像其他乐团那样由捐钱大户把持的董事会聘任;乐团雇佣新的演奏员也要由大家投票通过,而不是像流行的做法那样由音乐总监(首席指挥)按个人喜好和意志任命。当年,卡拉扬执政晚期与乐团反目,在某种程度上,就是因为卡拉扬坚持聘任一位长笛首席,而乐团大多数成员认为该长笛手的演奏和音色与乐队配合不善。当然,乐团自制,并不意味着指挥无权。一旦指挥被推举出来,他要为乐团的艺术生命和发展负最终的责任,拥有极大的决策权。

人艺的运作模式,特色也很多,至少有两点值得赞叹:一是对剧本的重视,二是对新人的培养。由剧作家曹禺先生担任院长数十年的北京人艺对剧本的重视可谓天成人就,顺乎自然。剧本创作,乃戏剧之根本。从古希腊的悲喜剧,到关汉卿的曲本,从莎士比亚的名剧,到阿瑟·米勒的经典,戏剧的辉煌仰仗着剧作家的杰出贡献。从郭老曹的鸿篇巨制到刘锦云的《狗儿爷涅槃》《风月无边》,优秀的剧本为人艺撑起一片天。由搞剧本的刘锦云接任曹禺的院长职位,至少也从象征意义上延续了尊重创作的传统。近年来人艺与毕淑敏和陈忠实等当代著名作家在剧本方面合作的举措也已经硕果初显。在培养新人方面,从1958年的第一期学员班开始,人艺便有计划地按自己的需要、演出传统和发展方向,用传帮带的方法培养扎实的后备军,后来与中央戏剧学院合办的学员班,更是人才辈出,薪火相传。比起摩托罗拉大学等企业内训项目,人艺的人才培养确实走在了时代的前边。

　　一个运转有序、文化丰厚、传统坚实的组织,往往更经得起历史沧桑的洗礼和艰难困苦的历练。这种组织,由于对核心价值的坚持和职业目标的持重,比一般组织更倾向于抵御、中和、化解,或绕过外来干涉和威胁,有时不惜忍辱负重,来保证组织的核心活动能够正常进行。对于一个艺术组织而言,这就意味着对"戏比天大"的信奉,艺术不屈服于环境。在"文化大革命"中,虽然人艺的演出一度中断,趣闻轶事告诉我们演员们仍在千方百计用各种方式练功。在文革后期,从1973年开始,人艺逐渐恢复正常演出,也不断有新的剧目出炉。虽然多为应时之作,但艺术家又得以站在了赖以安身立命的舞台。同样,也许会有人指责柏林爱乐曾经粉饰太平,即使在纳粹时期,仍然坚持演奏。二战时,人们仍然可以听到柏林爱乐,在指挥家富特文格勒的带领下,多次奏响贝多芬那呼唤自由、博爱的力作,感受那旷世不朽的震撼。无论如何,音乐没有停。毕竟,艺术,是艺术组织的生命。对艺术生命的无限挚爱和对组织价值观的坚决奉行使得这两个艺术团体声名卓著,成就斐然。

　　相信北京人艺《茶馆》的精彩奉献将会使华府戏迷们有口皆碑,柏林爱乐《英雄》的上佳演绎将会受到北京乐迷们的疯狂喝彩。这两个优秀的文化使者在组织管理方面的启示也注定会受到各类企业家和管理者的青睐。

　　(2005年10月25日于伊利诺伊州春田市。本文曾由《经济观察报》精简编辑后于2005年11月7日以《艺术组织背后的管理》为题刊登在商业评论版管理专栏上。)

敬业是一种境界

在市场经济中学游泳这么多年,"赚钱"二字似乎已经遍布我们所有的脑神经末梢儿,而"敬业"二字却离我们的记忆和生活越来越远。赚钱,给人以刺激和压力,逼迫人去想点子,去折腾。而敬业,则给人以寄托和支撑,使人致力于业务专精,并引以为誉。敬业的人可以挣大钱,得大荣耀,也可以潦倒残生,困顿不济。赚钱,可以依靠在某一领域的兢兢业业,也可以通过投机取巧,善用灵气。敬业,是否存在或者普遍,在很大程度上取决于人们所生活的环境、人心、民俗、市风,或直截了当地说,有多少投机取巧的可能性。

在一个相对稳定的经济体系内,在行业发展前景广阔、职业生涯稳定的情况下,敬业的现象将会更加普遍并受推崇。有本事的人受人尊敬,业务差的人难以有成。在社会经济转型和游戏规则快速变化时期,在行业不断变迁调整波动的时候,瞅机会、抖机灵、捞浮财的现象可能就会占据上风。这时的较量,主要集中在眼界、灵活性、应变能力和运气之上。聪明伶俐、活分机敏本身可能就是资本,而沉下心来,一门心思深钻研一行手艺的所谓敬业,就很可能会被认为不合时宜。

在人心浮躁、世风喧嚣的年月,即使有人想去敬业,也会感到身不由己,迫于赚钱养家糊口的压力,不断在各种可能迅速发财暴富的行业或准行业中寻觅,跳来蹦去。而敬业固守者反倒可能沦落得自视甚低,也容易遭到那些心眼儿活分之辈瞧不起。这样一来,无论哪个行业的人,包括许多行业挣了大钱的人,也都会觉着自己比别的行业挣得少,世界对不起自己。于是更加上火、烦躁、焦虑、着急。

敬业,确实是一种境界。在于人为,也在于天时地利。那好,给定天时地利,让我们从人为说开去。敬业至少有三大表现,在于痴迷、手艺、自律。

爱一行,干一行。敬业的前提是对一个职业的喜好、挚爱,甚至痴迷,并且在极端的情况下,不给报酬,倒贴钱财,也非常乐意。

世界女子花样滑冰冠军关颖姗在其运动生涯中,自5岁开始每天坚持训练,通常是穿着全套滑冰衫睡觉,以便第二天一大早就能立刻进入状态,迅速投入到训练中去。俄国著名小提琴家文格洛夫四岁开始拉琴,一天到晚除了拉着玩具鸭子游逛,就是练琴。别人看他小孩子每天太辛苦、可怜、单调,而他自己觉得幸福无比。

当一个人迷上一件事的时候,就容易献身投入,对某种活动或专业的喜好和痴迷也会逐渐形成习惯性的常规,表现在行动中,融化在意识里。敬业便成了一种自然状态,无须刻意显露。侯宝林先生相声里说的大鼓演员马增芬每天早上练口腔体操"六十六岁刘老六……",就是曲不离口,艺不离手。马勒弥留之际,其最后遗言是"再也听不到莫扎特了"。而以诠释马勒著称的指挥家霍润斯坦临终的遗憾是"再也没机会听《大地之歌》了"。二者对音乐挚爱之深,可见一斑。可谓忠于职守,直到永远。

敬业者的痴迷、执著和投入,也可能表现在常规之外的某些独特事件中。于魁智不满十岁进沈阳京剧院学戏。后来在沈阳已经成为主演,但他发誓要进中国京剧院,成大气候。这位当今中国京剧文武老生第一人,初进京时,举目无亲,头一晚上是在火车站候车室板凳上度过的。不迷不疯,不会这样。

罗伯特·德尼罗,在拍《愤怒的公牛》时,为了达到表演真实自然,找到角色的准确感觉,在拍完男主角(身材健壮的拳击运动员)前半部戏后,利用停机数月的时间,每天半夜猛吃鸡蛋面条,使体重狂增60磅,再演主角退役后的故事。拍完片子后,又迅速把体重练下去。这不能不说是敬业的一个极端案例。

还有,在拍《美国往事》时,为了形象地表现剧中他的对手(另一主演简姆斯·伍兹)扮演的人物在衰老之年仍然保持的浮华风范,德尼罗建议伍兹把牙齿全部漂白一遍。剧组不愿支付这笔额外费用,德尼罗慷慨解囊,自掏腰包2 000美元。伍兹问,为什么非要这样做?德尼罗答,你出彩,我们都露脸。

干一行,精一行。敬业的实际表现是从业者的手艺出众,技术精湛,乃至能操旷世绝活。从卖油翁、庖丁解牛,到当代神枪手许世友,业界高手的技艺达到出神入化的地步,常为世人称颂,惊叹不已。

俗话说,三百六十行,行行出状元。执大业者,经天纬地;雕虫小技,平中见奇。当年看过一个电视报道,说空军某伞兵师整体实力雄厚,单兵技艺精良,从师长到炊事员,人人会跳伞,各个能作战,不禁肃然起敬。据说,杜月笙早年在上海滩水果店当学徒的时候,就练得一手好刀法,削果皮一线到底,果肉不漏刀削痕迹。日后呼风唤雨如是者,当年也并没有看不上此类所谓的小手艺。

汪曾祺先生曾以《马谭张裘赵》为题忆北京京剧院五大头牌,其中一段回忆赵燕侠当年轶事：一次大家开会学习，房间拥挤，某人需要赵起身让道才能通过，赵头也不抬，唰的一下，侧身飞腿过顶，让那人过去。戏不让唱了，功夫不能丢了去。

不仅行业体面的人敬业，乞丐和盗贼等地下活动也日益职业化，其中某些从业者的敬业程度也会让人大吃一惊，因为盗贼也得练功，而且必须身怀绝技，才能屡试不爽，这包括从练习用手指夹湿肥皂开始。

小偷在练，警察也不能闲着。当年郑州名捕"何秃顶"，全国公安战线一级英模，便衣抓小偷，绝活一整套。各路神仙到郑州，一见"老便""何师傅"，立刻收招儿。不长眼的和自认技压群雄的立马领教老何的厉害。仅按1969年至1979年十年间有据可查的，就有来自28个省、市的2 500多名扒窃分子在他手下栽过跟斗。小偷圈里盛传"谁不够哥们儿，出门叫他碰见何秃顶！"老何对小偷从不留情，更别说受贿，誓死要把抓小偷事业进行到底，癌症缠身也不在乎，白天上街抓小偷，晚上枕头下压着手枪睡觉。这样敬业的警察让人放心。

精哪行，吃哪行。敬业之所以能够持久下去，很重要的一个内因是敬业者的自律。也就是说，敬业者要认真卖力、充满虔诚地、全身心投入地干自己擅长干的事情，并且珍视自己的手艺，只练那些擅长干的活计。

顾客是衣食父母，每个行业的从业者都要靠顾客吃饭，要对他们保持尊重甚至敬畏。这就意味着商家要足斤足两，童叟无欺。唱戏的要亮出绝活，打球的要肯卖力气。每天都会有至少一个新的观众来现场观看某位名角儿演出，会有一个新的球迷慕名来看某位明星献技。每次演出和献技,就算是只为这么一个观众、一个球迷。有了这样的心态,名角儿、球星,就会有卖劲儿出彩的动力。要对得起顾客,不辜负观众。否则,砸了牌子,吃饭都成问题。北大一位深受学生欢迎的同事曾对我说,如果哪堂课结束后学生们的掌声不热烈,他心里就犯嘀咕,过不去。把每次上课都当回事儿,这就是教师中敬业者的自律。

当然,敬业的最高境界是献身。春秋时代法官李悝,因错判公案,不惜以身护法,拔剑自刎,谢罪天下,其笃诚足以警示后人。戊戌变法失败,谭嗣同本有机会出逃,但自甘选择就义。"不有行者,无以图将来;不有死者,无以酬圣主。""各国变法,无不从流血而成,今中国未闻有因变法而流血者,此之所以不昌者也;有之,请自嗣同始!"革命党人之敬业,此乃至高境界。还有秋白之死,亦是可歌可泣。

敬业者往往信念坚定,不随意摇摆,少为外界风浪所动,愿意为自己所钟情和信奉的事业献身,无怨无悔。有时,这意味着无人喝彩,坐冷板凳,甚至永远没有出头之日。如此,职业就成了一种事业、一种信仰、一种使命,是一个人生命的意义和存在的价值。于魁智戏校毕业后在人才济济的中国京剧院跑了三年龙套。其间,与他同期的一些同学纷纷跳槽、转行、出国,但他最终还是坚持下来了,如今名满天下。所以说,要想人前显贵,必定人后受罪,这可是梨园的老例儿。

敬业者的自律还在于有自知之明,而不是自感无所不能,不是什么活都接,什么钱都挣。20世纪最伟大的女高音之一萨瑟兰在选择角色时,总是按照自己嗓音条件考虑。像《图兰朵》中那样的高难唱腔,她只在条件相对宽松的录音棚里尝试过,从来没有在舞台上演出。因此,她的自律帮助她延长了自己的舞台生命。现在的歌手们,别说照顾好自己吃饭的本钱了,歌还没唱好,就已经想去拍电影了。

又说到电影,德尼罗演电影,喜欢的本子,自己赔钱拍也认,不喜欢的本子,给大价钱也不拍。这恐怕就是敬业者的执著。有些前辈同行认为他应该演莎士比亚或其他正剧,而他喜欢演些有性格的市井人物、黑帮大亨、流氓恶棍,偶尔客串喜剧什么的。斯科西西曾请他在某部片子里出演耶稣,他想来想去,最后以无法体验生活为由拒绝了他的老搭档。知道自己是吃哪一路的,从心所欲不逾矩。这也是一种自律。

敬业者如德尼罗、于魁智,可大红大紫,荣耀至极。敬业者如李离、谭嗣同,则落得身首异处,令人钦敬惋惜。而更多的敬业者则是默默无闻地耕耘,波澜不惊地生活,忙忙碌碌,平淡无奇。为中国纺织业献出青春的那些万米无疵布挡车工们便是这样值得受人尊敬的一批。

我有一位朋友在波士顿某学校教数学,曾经在芝加哥大学读过一年的金融系博士生课程,课堂上也见识过芝大商学院几位诺奖得主的所谓大师风范。但是他发现自己并不真正喜欢金融。尽管有毕业后六位数工资的诱惑,而且凭他的聪明才智足以拿下那个学位,他最终还是回到了自己的数学领域。不能说他不需要钱,因为他酷爱音乐,有钱可以多买些CD。也不能说他酷爱数学,或者非常出类拔萃,并且发誓要有做出某种成绩。在大家眼里,他只是一个很普通的教数学的人而已。我想,大概在数学领域里,他才真正感觉自己是自己。

说他不识时务,似乎是对一个敬业者的侮辱。说他非常敬业,好像理由又不够充足。说他无可奈何,但他确实还有其他出路。可能有时见异思迁,想入非非,可能有时举棋不定,彷徨犹豫,也可能真是随遇而安,平心静气。我只是这样猜测。但事实是,他仍然一如既往地守在自己的专业里。不知为什么,我好像在他身上隐隐约约地看到了自己。

(2005年11月8日—12日于美国伊利诺伊州春田市)

从卖烧饼说开去

我父亲有个本家二大爷,曾经在濮阳城里支摊儿卖烧饼。如果买主称赞他的烧饼好,并且再评论几句如何好,他一高兴就会不收钱,白送人家。当然,在我这位二老爷所处的年代,还没有范伟,要不他也会像范伟那样握着顾客的手说:"知音呐!"如果哪位买主敢说他的烧饼不好,他会立马把顾客手中的烧饼夺回来,并一脸不屑地把钱退回去,嫌他不识货,也可能会像范伟那样说:"你这人咋这样呢?!"做烧饼,也是手艺活儿,需要费心思琢磨,花工夫侍弄,不可轻易小瞧。我想,我二老爷有理由骄傲。所谓的职业荣誉感,说的大概也就是这个。

假如您到某家传统久远、做工精细、口味儿地道的饭馆吃饭。一盘宫保肉丁端上来,盘边小条上写着"2号厨师为您主理"。把工号告诉您,是对自己手艺的信任,对您的尊重,也欢迎您监督。宫保肉丁,不是什么大菜,但功夫可大了去了。肉丁儿切得那叫匀实,红椒出落得那叫鲜亮,青葱片收拾得机灵细法儿,花生炸得饱满金黄脆嫩,川椒精神抖擞,红油似黄泛桔,装盘摆放浑然一体,入口品尝麻辣酸甜香。说得邪乎点儿,您别介意,一盘儿家常菜,您能吃出2号厨师付出的心血、倾注的爱。下次再来,如果您吃了味道不一样,请您仔细看看小条,肯定不能是2号厨师。否则,面子往哪儿搁呀?!还妄谈什么职业呀,荣誉呀,哪儿敢呢?

不光厨留名,手艺人一般都会把自己的名字留在作品上,一来作为标志,二来也透着自信、负责。比如,弄金石图章的好手都会题个边款。宜兴做紫砂壶的工艺美术大师们也会把自己的名字嵌在壶身和壶盖某处。据说,当年给皇上进贡的物品只能有万寿无疆之类的吉语,而不能有工匠的题款。即使如此,也有某位制壶大师不怕冒死的风险,巧妙地将自己的名字嵌在了壶的某个部位。手艺、名声、传世,比性命本身还重要。这也不能不说是职业荣誉感的一种终极体现。当然,现在是放开了随便题,是个人都敢留名,于是滥了。

突然想起有一阵子大学生还时兴戴校徽。"噢,你是大学生,还是××大学的!"校徽很是让某些大学生们骄傲了一阵。现在谁再在胸前戴个牌儿,上面即使写着"博士后"什么的,大家也会觉得他有病。当然,这并不妨碍诸多教授们在各种场合孜孜不倦地告诉大家并强调自己是"博导"。还有,海归教授们似乎也不忘兢兢业业、不厌其烦地随时提醒大家自己是"终身聘用教授",生怕别人说自己是在国外混不下去了才回国招摇撞骗一把。查了一下笔者的有关资料(虽然不一定都是自己整出来的或授权的),也免不了"终身教授"什么的字眼。于是,自做脸红状。荣誉感荡然无存。一个字,俗!

当然,有些现在被认为体现职业荣誉感的东西,当初也可能是来自于某种不愿让人提及的忌讳。比如,一个职业的制服,或威严,或漂亮,往往就有提升职业荣誉感的用途。法国军服袖口几颗铜扣闪亮,据说是拿破仑为阻止士兵们用袖子擦鼻子的不雅陋习而设计的,而那领带,也是为了吃饭擦嘴方便罢了。另外,何冀平的著名话剧《天下第一楼》里有这么一个细节,烤鸭店掌柜的怒斥并甚至要辞退两位伙计,只因为他们在地摊儿上听"不登大雅之堂"的落子小曲儿,而不是到戏园子里"体面"地看戏:"咱开饭庄的不能叫人瞧不起!"不能被人看不起,这就是职业荣誉感背后的隐痛。

一个行业的正规化、职业化,尤其是从业人员的敬业和忠于职守,是职业荣誉感的基础,得有功夫,有手艺,有范式,有规矩。

而职业荣誉感,对于懂行的人来说,才更容易被理解,被欣赏。在陈凯歌的力作《霸王别姬》中,袁四爷在给"霸王"评戏的时候说:"按老规矩,霸王回宫,要走七步,而您只走了五步,如果霸王威而不能持重,那不成了江湖上的黄天霸了么?!"碰到行家里手,"霸王"也没脾气,只能酸溜溜地奉承遮掩:"四爷,您是梨园大拿呀,文武昆乱不挡,六场通透……"

霸王有霸王的威风,唱戏有唱戏的做派和规矩。中国戏曲的行头更是提气增色的物件。穿上戏衣,勾了脸,你就是霸王,你就是关公,你就是老包,你就是大元帅,立刻入戏,精神起来,活灵活现,流光溢彩。

最能欣赏演员职业荣誉感的是那些懂行的老观众、铁杆儿戏迷。其实,职业荣誉感是一种共享互动的过程。演出现场,激情澎湃的观众们也不约而同地加入到共创辉煌的队伍中来:角儿出场要有碰头彩,唱到精彩处要使劲儿拍巴掌喊好,高潮处更是要把好大声叫起来;演员越卖力,观众越热烈,戏迷越捧场,角儿越精彩;台上台下,情绪高涨,轮番鼓励,互相抬爱。这时候的职业荣誉感才会被淋漓尽致地体现出来。

在西方文艺演出也是一个样。歌剧院里,一段咏叹调下来,大小是个人物,就会有人喝彩。多明哥就曾经号召观众,不管唱得好坏都使劲喝彩,一段唱下来,全身心地投入,好长时间都呼哧不过来，多鼓几下掌，也给演员以机会喘息，好准备下一段儿更玩儿命地再来。同样，一部演绎甚佳的交响曲结束后，可能会有近10分钟的再三喝彩。大批观众数十年如一日固定习惯地来观看演出，是他们使一个又一个的音乐剧连年出台。

笔者于2000年岁末曾在民族宫观看李云迪获肖邦大奖后进京献艺《肖邦第一钢琴协奏曲》。虽然乐队伴奏水平有限，但李云迪的演奏确实情绪饱满、技艺精湛，初显大家风范。然而，一曲终了，喝彩者寥寥，掌声稀拉得使他几乎一次也返不了台。只有几个激动的年轻乐迷，又跺脚，又吹口哨，激情捧场。笔者身边一位自感很有风度的中年人对他身边同样自觉良好的一位女人评论道："这些都是艺术殿堂的败类。"我倒是很想知道，按那位艺术殿堂里的绅士的说法，观众应该怎样表现？是像木偶一样面无表情地鼓掌，还是应该呆若木鸡，噤如寒蝉？依我看，吹口哨的那几个乐迷比那帮拿赠票来附庸风雅的木鸡寒蝉们强多了。

没人捧场，无人喝彩，无论怎么强打精神也可能荣誉不起来，人家架子端着给谁看呢？所以说，职业荣誉感，除了增强自信心这一内在动机之外，主要是要表现给周围相关人群的，需要正反馈，需要有人在乎，引人注意，受人青睐。

比如说，看那边，机场大厅，一群空姐，婀娜多姿，靓丽风采，三五结伴，不慢不快，制服合身，玉体轻摆，目光从容，神态自若，粉黛略施，香气袭来，一双双精致的小皮鞋此起彼伏、咯噔咯噔地踩在明亮的地板上，驻足瞩目的人越多，咯噔得越厉害。这就叫派。

顾客往往要求从业者敬业，而真正的敬业者通常对顾客也是有要求的。

黄宗羲在《柳敬亭传》中把柳氏说书的技艺精湛描绘得惟妙惟肖："子言未发而哀乐具乎其前，使人之性情不能自主，盖进乎技矣。"未曾开言，早已入戏，人心震慑，不能自已，靠的全是玩意儿啊。真个是与王凤姐"粉面含春威不露，朱唇未起笑先闻"有异曲同工之妙。一句话，都是人物。

而张岱的《柳敬亭说书》描写的则是柳氏的身价和派头："一日说书一回，定价一两。十日前先送书帕下定，常不得空。"而且"主人必屏息静坐，倾耳听之，彼方掉舌。稍见下人咕哔耳语，听者欠伸有倦色，辄不言，故不得强"。想听书得排队，提前下贴来请。一天就说一次。价钱没商量。必须认真听，你交头接耳，打瞌睡，爷我还不伺候了。说书的也有架子和规矩，有尊严的考虑。

纽约曼哈顿55街有一个小门脸儿汤铺，据称是情景喜剧《宋飞正传》里"汤纳粹"的原形。该店业主夏天关张，遍访世界，寻找珍奇原料，尝试各种做汤的灵感与配方。其汤很容易令人上瘾（笔者在常去纽约听歌剧的年月曾经去尝过一味，并未来得及上瘾）。他对顾客的苛刻程度肯定在我卖烧饼的二老爷之上。在门口排起长队的顾客，进店走动说话都不得喧哗，点汤要快，不能磨蹭，态度要严肃，"汤纳粹"绝不跟你嬉皮笑脸，给你多少，都不要争执。惹恼了他，永不让你进他的店。但他要是高兴，可能会塞给你个香蕉、苹果什么的，算是跟汤奉送。谁要是拿到汤后又问"怎么不给我一个苹果"，那你买好的汤也得被收走倒回锅里。一天就卖一定数，绝不多做，卖完就关门。

谁的手艺能这么受欢迎，以至于顾客必须忍气吞声才能享受到，那他是大潇洒、大荣誉。就像某些法国餐馆，桌上没有任何调料，厨师做出来的就是正宗完美。自己再调味，简直是亵渎。

无独有偶,顾客也有自己的荣誉感。也有非常敬业的顾客,比职业球员还迷球,比职业演员还迷戏,并且很可能用极端强加的方式,要求从业人员尊重他们作为"粉丝"的情感和期许,并重视从业者自身的职业荣誉。再大的明星,不卖力就会有人喊倒好,给你点儿颜色看看。

在极端的情况下,对于平庸的从业者,或不再敬业的明星,有些执著的观众、粉丝和其他当事人等,甚至能跟你玩儿命,跟你急。伍迪·艾伦曾经导过一个电影《百老汇上空的子弹》,某黑社会保镖,他爹年轻时曾因嫌一位男高音太糟糕而将其枪杀,而这位保镖本人在剧中也把老板的情人,一个糟糕的女演员,给亲手干掉。他不能容忍一个糟糕的演员毁了他由于阴错阳差而参与创作和策划的一部话剧。而德尼罗主演的一部重拍的老电影《球迷》中,一位痴狂成病态的美国棒球迷,无情地将自己原先崇拜但后来发现不那么敬业的偶像永远地请出局。您瞧,太多的被人在乎,反倒令人窒息,甚至招致生命危机,恰如荷塞之于卡门。

也许,这些极端的案例,是敦促各类从业人员要虔诚敬业,对得起顾客,并对手艺、行业和衣食父母保持某种敬畏的终极外在压力。

(2005 年 11 月 12 日于美国伊利诺伊州春田市)

从劳模征婚看品牌效应

一提起全国劳动模范,人们立刻想到当年的时传祥、张秉贵、郝建秀以及他们所代表的已经逝去的时代。今年五一,又听到劳模一词,是因为我们中心老板林毅夫当选全国劳动模范。教授当劳模,着实新鲜了一阵子。最近,再次听到关于劳模的事儿,是当年曾经年龄最小的全国劳模如今38岁仍孑身一人的铁紫娟在《焦作日报》登征婚启事。劳模征婚,一时间,褒贬不一,沸沸扬扬。至少,我们看到一个令人深思的现象。全国劳模是一个优良品牌。有品牌无品牌,天壤之别,完全不一样。

据报载,此前铁紫娟也曾在焦作媒体上登过征婚启事,没有提起全国劳模的身份,结果应征者寥寥,不尽如人意。而这一次,同样还是这个人,同样是征婚,全国劳模的牌子一亮,国内外慕名应征者已逾千人,其中不乏诸多所谓成功男士。这块在很多人眼里已经过时的牌子真的就这么神奇吗?显然!打着全国劳模的旗号征婚合适吗?当然!这个旗号是劳模优点和成就的集中体现。要是周其仁兄来写这件事儿,我想他会说,全国劳模的称号是她的产权!什么,不太严肃?你跟严肃结婚过日子?

之所以说全国劳模是一个品牌,是因为它昭示着的是某种品质、特性和状态。这种品质、特性或状态,固然并不一定会被所有人欣赏,但欣赏这种品质、特性或状态的人,肯定会欣赏昭示和体现这种品质、特性或状态的那个品牌,并感谢这个品牌的存在。之所以说全国劳模是一个优良品牌,是因为它昭示的是某种大多数人都喜欢、称道和颂扬的品质,体现的是某种价值卓越并且相对比较稀缺的特性和状态。这种品质、特性和状态,集中体现在劳模的工作认真、吃苦耐劳、技艺高超和业绩卓著等方面。

工作认真。劳模,以劳动为本。首先就是一个态度问题,敬业,把工作当回事儿,对待业务一丝不苟,并以工作为乐趣,以创造价值而自豪,以兢兢业业为本分。比如售货员张秉贵,站柜台,就是为人民服务,为顾客排忧解难。大人小孩儿一个样,买多买少一个样,让顾客如沐春风。林毅夫教授每天日程排得满满,上课、开会、行政、研究,样样不落,晚上经常坚持工作到半夜两点。对待事业之认真,实非一般。

吃苦耐劳。劳动,就得肯出力气。否则就是装模作样,整景做状,比如植树节去撂几锨土。掏粪工时传祥,脏活累活干一辈子,"宁愿一人脏,换来万家净"。铁人王进喜,"有条件要上,没有条件创造条件也要上",钻井攻坚打硬仗,月进 5 000 米。当年核工业部的劳模(英模)们,为了国防现代化,在条件困难、没有足够防辐射装置的情况下,披着被子清理核反应堆的事迹,还真不是谁都敢干、能干或者愿意干。

技艺高超。劳动,苦干还要加巧干。苦练出巧。劳模一般都是某一行业的好手,有武艺,有绝活。当年张秉贵在北京百货大楼卖散装糖果,不管顾客要几两,一抓一个准。如今他二儿子子承父业,在电子秤时代,基本上也是百发百中,不愧劳模后代。张秉贵的徒弟,全国劳模卢秀岩,被消费者亲切地称为"茶博士"。针对茶叶柜台的特点,卢秀岩练就了"称茶一铲准"的销售绝技,并归纳练就出

"形象、智能、技能、知识、心理、个性"等六种因素兼顾的全方位特色服务本领。

业绩卓著。劳模,以劳动见长,通常业绩惊人。有些全国劳模用10年就干完了一般同业者一辈子干的活。在过去没有额外报酬的年月,劳模的这种业绩,不仅是成就,也是一种奉献。王铁人"宁肯少活20年,也要拿下大油田"的气魄,在这些劳模的成就中得以凸显。劳模业绩突出的另外一个表现就是质量优良,并且干活通常又快又好。上面提到征婚的铁紫娟,在棉纺厂当挡车工的时候,就创造出43个万米无疵布记录的骄人业绩。可以想见,这种辉煌的成就背后,少不了认真敬业的态度、勤奋好学的劲头、埋头苦干的毅力以及脚踏实地的平和。

因此,说全国劳动模范是一块闪光的品牌,是恰如其分的。这个品牌暗示着某种令人欣赏和敬佩的品质特点、处世态度和精神状态。如果这些特点,比如吃苦耐劳、认真踏实,正是某些征婚者梦寐以求的,那么用句老话说,就是姓何的嫁给姓郑的,正合适(郑何氏)了。

但是,品牌也有个定位和细分的问题。比如,一个很好的工业用盐品牌跟一个流行的食用精盐的品牌可能没什么瓜葛。虽然都是盐,用处不一样。比如全国劳模这个品牌所代表的认真、踏实、吃苦、能干,可能是劳模的一种固有的品质,也可能只适用于工作岗位,而不一定适用于家庭生活。这要看具体情况,不可匆忙妄下结论,臆想当然。

工作认真的人,生活可能马马虎虎。外边敬业的人,可能没时间在家庭"小事"上纠缠。比如,天天在外面非常模范地劳动,回家也就不想劳动,没劲儿劳动,或者根本没有时间。所以,模范刷碗工回家不一定刷碗,相声大师回家可能老是绷着脸。模范教师把心血都扑在别的孩子身上了,自己家的孩子反倒没人管。劳模企业家整天在外边打拼,很少在家吃饭,孩子长大了,才后悔当初怎么没有多点儿交流和恳谈。

认真、敬业、吃苦,这都没错。然而,两个非常认真的人,可能因为性格不合而打起来。两个非常敬业的人,可能谁都不顾家而东西四散。两个非常吃苦耐劳的人,可能会同受苦而不会共甘甜。缔结婚姻和维持婚姻,还真不是像"找劳模准保没错"那样简单。

所以,全国劳动模范,在婚姻领域里,还只能说是一个非常宽泛的"类别品牌",比如"法国波尔多"葡萄酒;只是一个一般的、大面上的群体指标,比如大家说的所谓各类"成功人士"。具体到某个劳模,或是英模、名人、大款、帅哥、靓妹什么的,合不合适,得看细分市场上的品牌,或者说,看您是否恰好姓"正"。

(2005年11月13日于美国伊利诺伊州春田市)

从战略高度看品牌
——《品牌大未来》序

品牌是企业的战略资源。从经验丰富的实战型作者如杰克·特劳特对品牌在顾客脑海中深刻定位的强调,到治学严谨的营销学者如戴维·阿克对全面品牌管理的论述,品牌管理成了企业管理和市场营销领域里近年来大家关注的一个焦点。品牌管理的研究、实践和创新,在经济图景日新月异、市场发展突飞猛进的当代中国,将是企业面临的重要战略挑战。粹取西方现代营销学和相关领域的研究结晶,结合中国企业和市场的具体特性,从战略的高度,对品牌管理的现实挑战和未来趋势进行考察和研究,不仅具有学术发展本身的理论意义,而且具有指导企业实践的应用价值。张兵武先生的《品牌营销大未来》一书,体现了国内营销业人士在这一方面的积极努力和不断探索,值得称道和鼓励。

这是一本很有思想、眼界和见地的著作。说这本书有思想,因为它不只是简单地重述现有理论,或通篇罗列实战指南,密授 7 步速成法什么的。它体现了一个认真思考的人对自己很在乎的一项事业的想法和看法,比较系统,也容易引发和邀请大家一起思考、辩论。说这本书眼界开阔,是因为作者涉猎广泛,很在意前瞻性并青睐和追求整合,牢牢地以品牌为核心,用多种领域的视角和思路去观察可能对企业品牌资源产生影响的诸多因素,比如认知、资本运作和网络经济等。说这本书有见地,是因为作者不仅进行了独立思考，而且还能够自成体系，并在某种程度上根植于中国的土壤，对品牌管理的实质问题进行解析和回应。

作者的写作很有气势，洋洋洒洒，富有感染力。另外，值得称道的是作者的资料翔实，案例应用也比较得体，在很大程度上能够做到理据统一。作者夹叙夹议，章节内的安排和陈述比较紧凑，有内在张力，用词比较考究，也很直白，比如在介绍本书要"达成"的使命的时候，作者用的一个词是"野心"（ambition），看得出西语系正规军的扎实功底，传递信息准确有效，读起来也容易有阅读快感。

从战略管理的角度来讲，我也在书中看到了我们共同关注的诸多话题。比如，持续百年领先的品牌、关于知识和品牌的所谓"微笑曲线"、全球本土化，等等。我觉得书中很多例子和说法对我的EMBA/MBA战略课程的设计和内容选择也会有所启发。当然，作者对新事物、新现象（比如播客）的敏感捕捉也是值得褒扬的。读这本书，如果不使你更加时髦的话，肯定不会让人感到你落伍。

当然，这本著作仍然有很大的改进空间。首先，作为学院派的人士，我还是愿意看到更加清晰的、整体性的、纲领性的理论框架。这样的理论基础会使案例的介绍和点评更加系统和到位，而不只限于简单的案例汇编。这也许是一种偏见，其实更是一种期许。其次，本书有一个基本思路去整合其讨论的内容，但各章节之间的关系可能还需要更加仔细地斟酌、编排和交代，比如，对体育营销的讨论便稍微显得有些突兀，并且读到后边时觉得气势略减，稍显拖沓。还有，作者供职的平成广告公司对"品牌升级"方面是有一些研究和实战经验的。很多企业在从地方知名品牌向全国性优质品牌跳跃升级时有哪些品牌管理方面的挑战和对策？我希望并鼓励作者对此题目能有更深刻的考察和总结，并提升到概念性甚至理论性的高度。这种工作对研究中国企业在许多产业中日益发展和成熟的全国性市场上的战略定位和竞争优势也会是有所助益的。

通常,给别人的书写序的人各自怀有不同的动机。但有一点可以肯定,用营销的说法,写序是宣传自己品牌的大好时机。想来也是,写序的人等于是在别人书里插了好几页免费广告,这等便宜,哪有不占之理?借趁评述别人著作之机,其实是为了自己直抒胸臆。当然,占便宜也得有前提,那就是对书得仔细阅读和认真评判,或解读细节,或点评大局,叙议皆宜,诚介推举。如果写得太过吹捧,容易有"托"的嫌疑。如果只顾自己过瘾,贩卖自己的东西,把作者晾到一边,便显得不够仗义。如果与作者呛火,针锋相对,搞大批判,作者即使嘴上不说,表面大度,也会心理起急,暗骂不已。

当然,如果真是被大牌子名人多骂几句从而能够造势卖书,倒也不算什么坏事,只恐求之不及。算我孤陋寡闻,古今中外,还没见哪个作者主动把自己当反面教材让别人写序批判的。其实,大家都喜欢听好话,作者们也通常愿意让某某名人写个序。动机很清楚,因为大家知道,现如今是,说你行,你就行,不行也行,说你行的人得行。我想这种现象也是一种品牌联想吧。据说,当年清华国学院聘陈寅恪为四大导师之一时,起初不太情愿的校长问梁启超陈是哪国的博士,有无著作。梁答,既无博士学位也无著作。后又说到,我本人应该说是著作等身,但全加起来也不如陈先生寥寥几百字的分量。这种序,是给大书写的。

在下并非名人,张先生至少现在也还不是超级大腕儿。因此,是褒是贬,实际上都无关痛痒,不碍大局。所以,该夸就夸,该批就批,更多的时候可能是自言自语。而张先生的书是否货真价实,要看出版后有没有盗版,被从图书馆里偷走的次数,或者莘莘学子是否在图书城里拿小纸片认真地抄录,而不是看谁写了序,写了书评和荐语,或者该书是否沉睡在某些精美的书柜里。

迈克·乔丹的高中篮球教练一辈子做得最值得炫耀也最值得懊恼的一件事就是曾把乔丹从校队中裁了下来。有鉴于此,我还是信奉以鼓励和支持为怀,并宁愿希望张先生在未来营销界的品牌能与乔丹在篮球界的品牌比肩。这,无疑是一个极高的希望。从读书人的角度来说,如果张先生的品牌日后超过了梁任公,那么我这个与张先生有过千把字之交的学人,也会由于大家对品牌的联想反过来跟着沾光,虽然在下的文字或许不值鹤寿陈公之十一。说实话,基于这种想法和私心,为本书写序并加油助威,我是甚感欣然。

(2005 年 10 月 23 日于海淀上庄)

系列述评：向三高学管理

- 引言：风景这边独好
- 精彩回放：三大男高音，一路唱到银行
- 赢-赢联盟与独特卓越的价值提供
- 超级强势品牌的创建和管理
- 结语：与对手合作的启示

引言：风景这边独好

世界著名三大男高音的商演组合，在最近景气欠佳的古典音乐界，堪称"风景这边独好"，获得了巨大的商业成功。"三高"成功的关键因素是什么？其他业务和组织可以从哪些方面向"三高"学习战略管理和市场营销的高招？本系列文章试图从两个主要方面重点剖析"三高"的战略启示：价值提供（value proposition）和品牌管理（brand building）。它具体强调"三高"的良好商业直觉和判断以及他们为应对音乐界新时期竞争所作出的承诺和努力。

首先，与竞争对手合作，创造赢-赢组合和卓越的价值提供；其次，创建一个超级强势品牌，近似操纵行业标准，甩掉其他对手。这两方面——丰富的艺术价值提供和强势的品牌形象包装——互为补充，相得益彰，使得"三高"在多重艺术和商业领域的势力范围——包括他们的歌剧演出、跨界音乐会、音像录音合同、奢侈品形象代言和以他们名字命名的声乐比赛等——得到日益壮大和增强。

《精彩回放：三大男高音，一路唱到银行》一文，首先简单勾勒"三高"联盟的形成和发展背景。然后《赢-赢联盟与独特卓越的价值提供》和《超级强势品牌的创建和管理》两篇文章深入探讨导致"三高"成功的具体因素和运作。最后，《结语：与对手合作的启示》以合作战略为主线，全面考察和总结"三高"现象对战略管理和市场营销等领域的启示。

（2005年9月5日—8日。本系列文章曾由《北大商业评论》编辑孙欣浓缩精简后于2005年12月以《三大男高音：一路唱到银行》为题刊登。）

精彩回放：三大男高音，一路唱到银行

Vincero！——我要赢！

选自普契尼的歌剧《图兰朵》
卡拉夫的咏叹调《今夜无人入睡》

一个世纪以前，当普契尼和他的词作者们设计《今夜无人入睡》这段唱的高潮乐句时，他们大概无论如何也不会想到"我要赢"会在将来的某个时候被弄成"我们要赢"。一起高唱"我（们）要赢"者，正是20世纪末期世界著名的"三大男高音"组合：卢契亚诺·帕瓦罗蒂、普拉西多·多明哥和侯塞·卡雷拉斯。"三高"自1990年以来，无数次唱响《今夜无人入睡》，从崇尚正统和经典的歌剧院，到大众音乐会的体育场，从初始的偶然组合和慈善义演，到有计划的商业运作和系统推广，直到北京紫禁城（故事原景地）"三高"演出的空前盛况，"三高"一路走，一路唱，直奔银行，收入丰厚，声名显扬。一时间，"我要赢"也成了很多上班族们星期一早上面对老板之前在汽车中必听的指定"壮胆打气歌"。

"三高"确实赢了。十几年间，他们成就了一种风靡世界的独特文化现象和流行榜样，将他们的歌声和美名，通过音乐会和音像制品等诸多渠道，传播到不同层次、不同喜好的音乐爱好者中，包括本来不喜欢古典音乐和歌剧的大众甚或根本不喜欢音乐的群体，使得"三高"不仅受歌剧迷的青睐，而且成了大众娱乐领域的明星。"三高"中每人都是超级明星歌唱家及明智的商人,而"三高"合盟,使得他们更加自成一统,傲视群雄。他们既合作又竞争,既团结又争锋,既商务又友情。他们自造一个超级强势品牌,成为"男高音"最具有代表意义的杰出典范,谱写当代男高音领域的"行业标准"。

"三高"联盟的背后是围绕每位男高音而结成的庞大商业帝国的网络交错,包括他们的管理者、经纪人、演出公司、唱片公司、歌剧院、需要形象代言的厂家,以及以他们的名字命名的声乐比赛等。尽管涉嫌拖欠和拒付歌词作者版税以及偷税漏税的负面报道偶尔见诸媒体,他们签约的唱片公司也曾被指控操纵"三高"音像制品的价格①,纵论其十几年的业绩,"三高"联盟仍然不失为一个古典音乐活动商业化运作和艺术产品营销史上的一个巨大成功。去年,帕瓦罗蒂已经自当年发迹的纽约大都会歌剧院开始,唱响了告别舞台的世界巡演,"三高"联盟也渐降帷幕,行将解体。但"三高"的神话相信会继续不断地勾起世人的各类传说和无尽遐想。

卢契亚诺·帕瓦罗蒂、普拉西多·多明哥和侯塞·卡雷拉斯,我们最近记忆中世界男高音歌唱家中的领军人物,每一位都身居一个令人炫目和生机蓬勃的商业王国的中心。各自的商业王国分别由如下疆土构成:歌剧院的演出、独唱音乐会、大型室外演唱会、与唱片公司的音像合同、他们冠名举行的声乐比赛,以及请他们做代言人的奢侈品厂家,比如劳力士手表等。

作为歌剧世界和商业王国的对手,过去30年间,三人间的个人恩怨渊源长久,竞争较量不鲜一见。每个人都在为赢得世界第一男

---

① 《三高中的两人付款解决逃税纠纷》,《纽约时报》,1999年9月1日E1版;《美国发难三高:唱片定价操纵曝光》,《华尔街日报》,2001年8月1日P1版。

高音的宝座而暗自铆劲,尤其是在帕瓦罗蒂和多明哥之间。两人间的争斗,一如百事可乐和可口可乐之间的竞争,环环紧扣,步步相随,从跨界录音到拍电影,从歌剧院到露天广场。

在20世纪80年代,多明哥某次在旧金山歌剧院演出时,帕瓦罗蒂的公关队伍巧妙地在节目单中插进了一条广告,介绍帕瓦罗蒂的最新唱片专集,并标榜他为世界最伟大的男高音。面对这种"侮辱"和"挑衅",多明哥强令歌剧院全部收回所有印好的节目单,否则将誓言终生抵制旧金山歌剧院。由此,明星间竞争之激烈,可见一斑。然而,对手总会碰面,并且在同一个舞台上。

1990年,刚从白血病折磨中恢复健康的卡雷拉斯意欲为其慈善基金募捐。帕瓦罗蒂和多明哥欣然同意参与他们的年轻同事卡雷拉斯所倡议的慈善演唱会。其中还有一个重要原因,那就是三人对足球的热爱。演唱会将是1990年罗马世界杯足球赛闭幕式庆典的一部分。那场创造历史的音乐会上,对手联袂合作,明星交相辉映;较量比拼与默契配合此消彼长,个人特色与团队精神尽得张扬,三大男高音的名字和他们嘹亮的歌声通过电视转播,传遍世界,响彻四方。那场音乐会的录音销量超过千万,成为整个20世纪古典音乐产品史上一个惊人的奇迹和辉煌的里程碑。

一场以慈善为怀的音乐会意外地擦亮了三人的眼睛,唤起了他们机敏的商业嗅觉,使他们看到在他们的竞争关系中加上合作的成分很可能前景广阔、商机无限。如此,"三高"演唱会在1994年洛杉矶世界杯足球赛的闭幕式上再次举行。随后,11个城市的环球演唱会为"三高"带来更多的观众和收入。相对于气氛轻松的1990年"三高"音乐会,1994年的演出前,战略攻势和拼抢可谓有预谋,很明显,特激烈,极难缠:合同过程中有更多的律师参与,合同各方多次讨价还价,由于每人都希望演唱最受欢迎的曲目,音乐会的节目单在定稿前先后换了四十多次。多么充满竞争的合作!

"三高"音乐会在1998年巴黎世界杯足球赛后再次唱响,并随后再次周游世界。2001年,北京申奥紧锣密鼓之际,中国政府给予"三高"极大礼遇,使之能够在故宫午门前舞台高筑,尽展歌喉。这个古老庄严的地点,传说中《图兰朵》公主的故事发生的地方,和那些最高掏到1 500美元一个席位的观众们,共同见证了历史:"三高"同唱"我要赢"。幸好,无论有否因果效应,北京赢得了2008年奥运会的主办权;"三高",尤其是老帕,在中国近乎家喻户晓,一如大众名牌迈克·乔丹、麦当娜和麦当劳。

回首"三高"走过的历程,合作得到了良好回报。由原来激烈对手间的合作而缔结的赢-赢联盟导致了若干共享的竞争优势。"三高"的合作进一步拉大了他们和其他同事与对手的距离,巩固了他们超级巨星的地位,创建了一个复合强势品牌,成就了男高音行业的标准和典范。这种合作促进了他们共同和各自新老唱片的销售,帮助他们发现和征服更广泛的观众群体,包括很多首次接触歌剧和古典音乐的人,甚至某些曾经讨厌歌剧的人,并使得"三高"在诸多商业领域的影响得到扩展和增强,为自己也为与他们合作的商业伙伴创造了令人羡慕的财富。

赢-赢联盟与独特卓越的价值提供

在艺术领域内,对艺术家成就的排名可以说是鲜有所为或者基本不可能。通常,问题的关键在于欣赏者的个人喜好和口味不同。然而,在商业领域,这种排名就显得相对容易和简单,因为因变量通常是"钱"。

从卡鲁索(Enrico Caruso),到吉利(Giusseppi Gigli)、比约令(Jussi Bjoling)、斯泰方诺(Giusseppi Di Stefano)、伯尔贡齐(Calo Bergonzi),到当今的明星阿拉尼亚(Roberta Alagna)、库拉(Jose Cura)、博切利(Andrea Boccelli),等等,世界男高音行列不乏光彩闪耀的明星,其中很多更是老当益壮、绿树常青。谁是20世纪最伟大的男高音?这一问题可能永远没有统一的令人信服的标准答案。

"近期效应"可能会偏爱后期的明星们,因为现在大多数的观众仍然比较清晰地保存着对这些明星们演出的形象生动的记忆。而"神话效应"则通常更倾向于将早期的明星们推崇为不朽的神圣。由于当时录音技术的限制,早期明星们的音色和技巧究竟多么伟大辉煌,很难和当今的歌坛翘楚进行公正和实质性的比较。

然而,有一点却是可以肯定的。"三高"在20世纪男高音发展史上的艺术地位和商业成就可以与任何对手媲美。他们是一个成功的组合。从这些对手间的合作中,我们可以总结出如下经验:增强集体实力,发挥协同作用,互相学习和交流,互相推介观众群体,扩大总体市场影响。

集体实力和势力

通过缔结联盟,"三高"的实力和势力远远大于他们个人的力量。作为一个组合,他们拥有足够的规模经济和更强大的集体讨价还价的能力,相对于演出公司、赞助商和观众而言,更占上风。每场"三高"音乐会,每位男高音都拥有固定的出场费和对利润的分成。加上电视转播和唱片录像等的版税,每人每场音乐会的收入在900万到1800万美元之间。① 仅是"三高"共同出场这一事实本身就足以令观众们振奋,而他们才能的组合更加使得观众感到礼遇有加,甚享其值。在一般的歌剧演出中,这么多明星同台献艺的机会是非常难得的。

在相关的唱片业务中,一般的 CD 专辑通常是由主打曲目和一些平庸曲目搭配发行。当"三高"同时出现在一张唱片上时,他们中没有谁会愿意被观众小看,会同意将平庸的东西放进去,会甘愿为别人当配角。所以,买一张"三高"组合的唱片往往比分别单买三张单人的唱片还容易获得高质量的曲目和演出,因为"三高"毕竟是强强组合。不仅如此,他们共同演绎的流行歌曲和跨界曲目拼盘儿更是脍炙人口,屡听不厌,成为最具有吸引力的卖点,提高了他们的集体价值和声誉。

多种特色和协同作用

"三高"中每人皆是独树一帜的超级巨星,就嗓音条件、音质音色、声腔特点、演唱技巧、表演风格和个人性格而言,可以说是特色

---

① 《三高一路唱到银行》,《芝加哥太阳时报》,1996 年 7 月 17 日,第 55 页。

炯然,异彩纷呈,而他们各自擅长的曲目、角色和作曲家的作品有重叠也有偏重,可谓各有千秋。

帕瓦罗蒂在威尔蒂和普契尼等人的歌剧作品中和意大利民歌上表现非凡,以抒情男高音角色见长,音域宽广而韧性强,高音C优雅自如,演唱富于表现力和想象力,吐字、运腔、乐句节奏把握得恰到好处,形象亲切可爱,性格友好外向。多明哥唱作俱佳,功底深厚,可以不用排练直接出演70部歌剧中的男主角,偏好英雄角色,抒情和戏剧通吃,舞台形象夺人眼目,声音坚实、穿透力强,堪称全能歌剧大师。卡雷拉斯,"三高"中的小弟弟,在年轻浪漫的角色中光彩照人,魅力尽展,充满生机活力,嗓音清澈纯净,音色明亮甜美,声腔技巧控制和自然松弛表现之间分寸得体,为众多歌剧迷追捧。

特色令人愉悦,团结赋予力量。"三高"结盟,使得他们共同的声音更广、更深、更有色彩,他们的音乐表现更丰富和完美,他们的舞台演出更具感染力,为观众提供了一次同时饱览三位大家的机会,欣赏他们的艺术合作结晶。如此,"三高"的结盟同时也促成了范围经济的享用,可谓一石三鸟,充分地体现了才能之间的协同作用。比如,在"今夜无人入睡"这段每次必唱的著名咏叹调中,"三高"的共同演绎巧妙地糅合了他们各自的特色,凸显了各自的长处,帕瓦罗蒂辉煌的自信、多明哥英雄般的决心、卡雷拉斯梦一样的渴望,高潮处"我要赢"的集体迸发,更是摧枯拉朽,动地震天。正统歌剧迷们可能会批评"三高"对待艺术的"不严肃",现场的狂热观众们可不在乎,他们起立鼓掌,跺地欢呼。

相互提携和推介观众

"三高"联盟使得其中每一位歌唱家的铁杆儿观众都有机会更

加客观公正地评价和欣赏其他两位歌唱家的艺术。这样,每一位歌唱家都有机会在对方的乐迷中发展新的观众。可以想象,在"三高"合作之前,每位歌唱家的忠实追随者都可能唯独偏爱自己的"指定明星"和"独家男高音",而对其他歌唱家视而不见,充耳不闻,甚至进行讥讽和攻击,故意喊"倒好",派性十足(这种做法有时是受到所偏爱的明星的直接怂恿的结果)。这种个人的偏好可能基于某种正当的艺术原因,也可能是纯粹的个人偏见。这种偏见一旦形成,除非有像"三高"这样的震撼性事件的出现,便很容易自我巩固和持久。这就是明星间的激烈竞争。忠实的铁杆儿观众如果也听自己偶像的对手演唱,那么他们甚至会有某种"负罪感"。

"三高"的结盟可以说是一个积极鼓励的信号,它告诉各自的忠实信徒,欣赏其他歌唱家并不是"背叛"和拥抱"异端",大家可以保持开放的心态,去理解、欣赏,或者至少容忍对手歌唱家的艺术。偶像们之间已经讲和了,追星族之间也就没有必要为艺术之外的原因而死磕了。也就是说,"三高"实际上搭建了一座促进家(包括忠实爱好者以及广大观众)之间互相理解和欣赏的桥梁。作为一个集体,可以说,"三高"将他们原本互相竞争和替代的关系变成了合作和互补的关系,促进了原有观众对三位歌唱家的进一步认识和好感,也各自增加了新的观众群体。

学习与交流

当每位明星都把同事当成对手的时候,我们很难想象他们之间会互相真诚地学习和真正地交流。而当他们关系紧密地在一起工作的时候,他们会有潜在的机会去近距离观察同行的行动作为,促进面对面的坦诚交流,并在艺术发展方面、职业生涯方面和财务管理方面,公开地和暗地里互相学习、借鉴和提高。

排练时的录像清楚地记录了"三高"之间的交往和接触,他们认真地观摩对手的演唱,互相欣赏和鼓励,互相开玩笑,尝试不同的两人捉对和三人组合,以及不同的演唱顺序,挑战对方去尝试高难处理。他们的欢喜愉悦与怡然自得,感人至深。除了艺术方面的交流和促动,他们在商业领域也互相攀比和紧逼。比如,当他们中某位的签约唱片公司为他提供了额外好处时,另外两位亦闻风效尤,逼迫自己的签约唱片公司如法炮制。从歌剧院到在体育场举行的大型音乐会,从产品形象代言到拍电影,从录唱片到办声乐比赛,帕瓦罗蒂和多明哥曾经步步相随。如今,有了合作的契机,互相学习和直接交流的机会应该是更多了一些。

市场延展与总体知名度

总体而言,通过缔结联盟,"三高"大大地增强了他们的观众基础。他们不仅增进了在各自忠实观众中的互相推介,而且将他们的市场延展到世界多个国家中不同层次、不同领域的人群中,拓宽了他们的观众群体构成。通过他们的音乐会以及电视转播,"三高"走向千家万户。他们在选择音乐会和录唱片的节目时,努力争取非传统古典音乐爱好者,将他们引入一个全新的领域。这种努力也可能促进他们过去录制的歌剧和独唱唱片在这部分新观众之间的销售。

通过他们有力地增进在非传统观众群中的影响,"三高"日益成为大众娱乐领域的明星。作为一个独特的文化现象,他们成了通俗文化中的公众偶像,而不仅仅只是歌剧迷的偶像。在二战后,日本制造业的崛起使得许多原来的奢侈品或者职业人士用品成为大众消费品,并且获利颇丰,从照相机到微波炉,从录音机到组合音响。如今,三位男高音文化使者正在将歌剧这一少数人欣赏的精英艺术形式以更加商业化的方式向更多的普通观众进行推广。这种做法使得他们在大众中的总体知名度更高。

超级强势品牌的创建和管理

谁是第四大男高音？恐怕没有多少好事者去问这样的问题。我们有"三高"，他们很伟大，这就足够了。十几年来，"三高"如此充斥了我们的双耳，垄断了我们的视线。他们成了一个音乐界的"梦之队"，一个超级强势品牌，一个独此一家的联盟。他们的演唱被公认为是标准版本、经典诠释、权威演绎、业界榜样。他们是我们时代的男高音标志。"三高"的结盟，轻易地将其他同行和对手甩在一旁，鲜有问津，乏人喝彩。从这个意义上而言，"三高"获得了终极的"差异化"优势。从市场营销战略的角度来看，他们的品牌创建和管理主要依赖如下几个环节：品牌创新、品牌拓展和品牌挖掘。

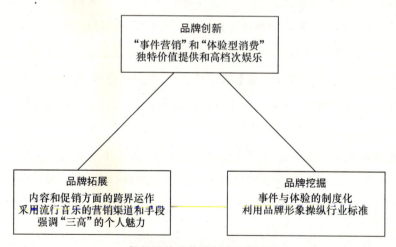

超级强势品牌的创建和管理

品牌创新

三人成行。由于伦敦唱片公司(London/Decca)对第一次"三高"(罗马)音乐会唱片所进行的不懈推广和营销,"三高"和指挥家祖宾·梅塔的形象深深地镌刻在众多音乐爱好者的脑海里。"三高"品牌被认为是古典音乐领域创新的范本和优质的象征。随着该唱片的销量超过千万大关以及有关各方的后续努力,"三高"的品牌得到了市场的考验和顾客的信任。

至少两个重要的手段在创建"三高"品牌中起了关键作用:"事件营销"或"现象营销"的推出以及对"体验型消费"卖点的强调。

首先,"事件营销"与"三高"品牌的独特性密不可分。每一次音乐会都被造势鼓吹成为音乐会所在地(甚至世界范围内)的一个"重要事件",一种令人瞩目的文化现象。"三高"代表了当今世界男高音乃至整个古典音乐界的最高艺术水准和风范。他们是最好的,而且一来就是三个!作为观众,一个人一辈子能有多少这样良好的机会呢?音乐会的创办各方和观众都清楚地知道"三高"是以项目为基础的商业运作,具有时效性和有限性。一个企业的生命可以远远长于其创建者的自然寿命,而以项目为基础的商业运作,比如拍电影,则是一次一清账,下一次在哪儿,干什么项目,事前很难说清。"三高"中的任何一位退休或去世,"三高"组合便寿终正寝。从理论上讲,每一次都可能成为最后一次。这种可能使得"三高"的独特性更加突出。听一次"三高"音乐会于是成了某种高级享受和特殊待遇,是一种可以终生引为自豪的崇高审美体验,千万不可错失良机。

其次,"三高"组合的艺术价值不仅非常独特,而且稀缺、难以替代和模仿。虽然也有拙劣的跟风,比如三大女高音、三大青年男高音、三大爱尔兰男高音等,但不过是东施效颦,观众并不怎么买账。在商业竞争中,模仿,一般来说是通常使用的并被大家接受的竞争手段。而在艺术领域,直接模仿通常被认为是大忌,减低模仿者的艺术价值和尊严,容易被讥笑为缺乏想象力。所以,当"三高"品牌一旦被创立和接受,它便自动造就了一个神话,形成了一种正统。别人再去模仿,便显得蹩脚。另外,由于"三高"在行业里的地位、势力和关系网络以及歌剧界本身的行规,稍微自重一点的年轻同行对手们大多也不会自讨没趣儿。如此,"三高"的品牌更加显得价值丰厚,并且独此一家,别无分号。

品牌拓展

帮助建立和管理"三高"品牌的第二个关键因素是品牌拓展:将品牌的影响拓宽延展到传统顾客之外的新的受众群体,增进其在市场上的吸引力和普及率,提高其知名度和美誉度。品牌拓展主要依靠至少以下三种机制:内容和促销方面的跨界运作,采用流行音乐的营销渠道和手段,强调"三高"的个人魅力。

首先,虽然第一次"三高"音乐会上以及相关的实况录音唱片上也有流行歌曲和跨界曲目,节目单的制定和唱片的发行与推广基本上走的是古典音乐唱片的路数,以歌剧爱好者和一般古典音乐爱好者为主要目标群体。后来,"三高"这一个近乎即兴创造的品牌,被有目的、有计划地应用为一个强大的市场营销"敲门砖",成功地打开成千上万的钱包,所向披靡。通过有选择地对某些流行歌曲以及跨界曲目和新的组合编排进行促销,比如《月亮河》《雨中唱》《西区故事》等,"三高"的歌声和形象,被那些并非歌剧和古典音乐爱好者所认识、熟悉、接受和喜爱。欣赏这些声如洪钟的重量级高音大师用柔声细语吟咏自己喜爱的小曲,或是因为"三高"的高低胖瘦搭配和幽默夸张的姿势、手势和面部表情而忍俊不禁，都不失为令人回味的精彩瞬间。

赢得新观众或者并非核心观众和忠实观众们的群体对"三高"品牌和现象的关注和欣赏，至少还有另外一种优势。那就是，这些群体可能自己不买"三高"的唱片和录像，他们很可能为身边的古典音乐爱好者们买了当礼物送给他们。同样，对于一个喜欢足球但是讨厌歌剧的经理而言，知晓"三高"品牌本身，倒是可以使他意识到，对那些喜欢艺术的客户最好送给他们"三高"产品当礼物，而不是想当然地花重金给并不喜欢足球的重要客户送自认为是高级礼遇的足球票。

其次，利用一个大众熟悉的唱片品牌，而不是传统的古典音乐品牌，更加有效地帮助"三高"品牌向大众娱乐领域拓展。1994年的洛杉矶"三高"音乐会，相对于1990年的第一次，可以说是作了更加充分的准备和策划，音像产品的专卖权授予了华纳旗下的Atlantic Record，著名流行音乐巨星惠特妮·休斯顿的签约公司。这一举措使得"三高"更容易地走向那些从来没有听过歌剧或古典音乐的群体。为达到最大限度的促销和推广，1998年巴黎"三高"音乐会的音像权由环球和华纳两家世界最大的唱片公司平分天下。两家公司互相勾结，甚至惊动了美国和欧洲等反垄断机构的大驾：为了保证1998年音乐会新唱片的旺销，双方约定对"三高"1990年的唱片（环球旗下的伦敦品牌拥有）和1994年的唱片（华纳旗下的Atlantic拥有）既不打广告，也不打折。

再次，流行音乐界的促销和包装手段也帮助"三高"更迅速有效地接近了新的观众群体。当然，"三高"们对这些手段并不陌生，比如，帕瓦罗蒂经常出现在美国的晚间脱口秀中，但是，这些手段现在运用得更系统、更透彻。观众们有机会更直接地接触和认识这些明星，欣赏他们的人格魅力、多才多艺、对事业的执著、对生活的热爱，以及既是超级明星又是普通人的乐趣。对"三高"如此亲切的接触和了解，相对于传统歌剧明星"隐遁而又神秘"的印象，拉近了他们与观众的距离，使他们显得有人情味，很可爱。这种做法，也使得"三高"日益成为大众明星，使他们的品牌能够被推广和拓展到本来根本不可能进入的领域。

品牌挖掘

建立和管理"三高"超级强势品牌的第三个重要因素是品牌挖掘：使品牌的价值获取最大化，延长品牌寿命，从横向和纵深多方面掘取和收获品牌的价值。具体而言，品牌挖掘的实现机制包括"事件"和"体验"的制度化以及对"行业标准"的把持和操纵。

首先，"三高"的制度化是其品牌得以持久具有吸引力的一个关键点。通过音乐会的重复举行，相关音像制品的有节奏的发行和推广，以及系统协调的促销宣传，"三高"造就了"戏比天大"、"高于生活"的高品位文化现象。虽然"三高"运作是以项目为基础的，但它需要有足够的重复，才能使之真正成为一个业务、一个传统、一个有生命力的品牌，而不只是一次偶然的事件、一锤子买卖。这种制度化帮助观众刷新他们对"三高"的良好记忆，增强其品牌的持久形象。不仅如此，制度化还给观众一种舒适感和愉悦感，知道好事还会再来，就像美国的各个城镇社区，每年圣诞节期间，必演必看老柴的芭蕾舞剧《胡桃夹子》和亨得尔的清唱剧《弥赛亚》，或者像赵本山每年现身央视春晚一样。"三高"音像的不断发行也会诱导爱好者们进入"习惯性消费"的状态，去买，去收藏，去珍视。

为了更好地挖掘"三高"在国际市场的潜力以及收获其品牌的价值,一系列的"三高"音乐会随之而来,以2001年的紫禁城音乐会为其顶峰。音乐会制度化,但又不能密度太大、重复频繁,造成观众的"审美疲劳"和"品牌厌倦"。如果重复太少或地域覆盖不均,也会丧失商机,不能充分发挥其品牌的号召力,最大限度地掘取其品牌的价值。"三高"的促销队伍,为了更好地进行品牌挖掘,对音乐会地点的选择进行仔细研究和精心策划,着重渗透有潜力的市场,及时取消低需求的地方。

其次,"三高"的出现和持久,近乎控制了"行业标准",赢者通吃,在很大程度上形成了某种视听垄断。这种垄断赋予"三高"天然的合法性和权威性。"三高"过去的老唱片也大都比其他男高音歌唱家的唱片(尤其是新秀的新唱片)卖得还要好。他们的促销团队也不断兴风作浪,整景造势,为"三高"品牌打磨抛光,加油鼓掌。越是不懂计算机的人,越重视和在意"Intel Inside"。同样,越是不懂歌剧的人,越崇尚唱片厂家对"三高"的推广和自我标榜,何况这种品牌又的确是货真价实。所以,对于那些只买一张男高音唱片的一般听众,或者某个歌剧或唱段只买一个版本的爱好者来说,"三高"理所当然、不假思索地成为首选。毫无疑问,使"三高"品牌更加强势的还有围绕每位歌唱家形成和运转的亚商圈和个人品牌以及势力。这种势力使得诸多潜在的挑战者感到势单力薄,望而却步。

结语：与对手合作的启示

"我们必须紧密地靠在一起,否则肯定分别被吊死在不同之地"（We must all hang together, or assuredly we shall all hang separately）。本杰明·富兰克林关于合作的这句名言至今仍然富于深刻含义。正像"三高"现象所展示的,即使在对手之间,也仍然会有合作并取胜的可能。

在20世纪90年代,"三高"中的每一位都在逐渐开始走进演艺生涯的终曲阶段。在歌剧迷当中,他们的声音和技巧广为称道,他们的声誉如日中天。对于他们每一位而言,在斯卡拉、考文花园或大都会歌剧院再多演一次《茶花女》或《绣花女》,对他们的艺术长进和创新都不会有太大的鼓舞和全新的刺激。然而,让更多的人知道他们,认识他们,并欣赏他们的艺术,应该说是一个演艺人士终生不懈的梦想和追求。把他们的艺术介绍给全新的观众群体,倒是可能激发他们的艺术创造力,开辟一条新的职业发展路径,并带来丰厚的物质回报。三合一的联盟降低了创新的风险,使这种创新显得更加可行。

作为歌剧界的超级巨星,他们付出了该付的学费,获得了可能获得的成就,在该行业已经没有什么再需要证明。如此,相对于比他们更年轻的同事而言,跨界进入流行乐坛和大众娱乐领域似乎更顺理成章,具有合法性（正当）和权威性（正宗）。"三高"的时机把握得正好。当古典音乐和歌剧界观众群逐渐缩小和政府资助逐年紧缩裁减的当口,"三高"的"走出去"(争取更多的非传统观众群体)可能会被某些忠实的艺术纯粹主义者谴责和讥笑为降低艺术标准,哗众取宠,甚至沦落为下三滥。然而,从职业生涯设计和商业运作管理的角度来看,"三高"联盟不愧为一个英明的收获战略,有效地延长了他们各自的演艺生涯,增强了他们的明星品牌,为他们的荣休奏响了辉煌的终曲乐章,并且更加牢固地奠定了他们日后在音乐史上的重要地位。与此同时,他们为更多的观众带来了无限愉悦和艺术享受。

"三高"的关键成功因素以及对战略管理和市场营销的启示可以概括地总结为以下十个方面:

1. 一言以蔽之,"三高"创建了一个赢-赢联盟和超级强势品牌。以他们的集体智慧和才能为基础的独特价值提供和超级强势品牌的形象包装互为补充,使卓越的艺术奉献和良好的品牌形象名实相符,互为促动。

2. "三高"的"三合一"艺术价值提供不仅独特、有吸引力,而且稀缺、不可替代和模仿。从资源本位企业观的角度来讲,这种独特的资源与能力能够带来持久竞争优势和卓越的商业绩效。

3. "三高"的价值提供是通过集体的力量和智慧实现的。他们有效地实践和凸显了他们之间在才能、特长、形象和性格方面的互补和协同作用,增强了互相学习和交流,拓展了各自的铁杆儿观众和一般观众基础。

4. "三高"通过品牌创新打造了一个超级强势品牌。"事件营销"和"独家特供"等做法使得他们的团队能够用"终生难忘的经历"和"崇高艺术体验"为卖点来取代推销一般产品和服务的平常手段。

5. "三高"将超级品牌延伸到流行音乐和大众娱乐领域。通过跨界选曲和多种促销渠道和手段,"三高"有效地进入了定位广泛的目标受众群体,充分展现了"三高"的个人风采和艺术魅力。

6. "三高"的战略定位在于精英产品和奢侈品的商品化。通过染指大众传播和大众消费,他们拓宽了市场范围和盈利潜力。这种举措可能导致的"艺术纯粹主义者"的指摘和叛离,相对于新的市场空间和观众群体来说,可能微不足道。

7. "三高"成功地挖掘了品牌的潜力,促成了类似行业标准的地位。他们将大型世界巡回演出制度化,保持了供给稀缺和有效需求之间的微妙平衡。作为类似行业标准的业界典范,他们"赢者通吃",尽享对手无可企及的风光、荣耀和非我莫属的合法性与权威性。

8. "三高"的品牌也不可避免地增强了他们各自品牌的含金量以及他们各自商业王国的市场价值。这种集体努力和运作帮助延展了各自品牌的寿命,促成了各自职业生涯后期"收获战略"的令人羡慕的成功。

9. "三高"有效地实践了"以项目为基础"的战略定位和市场营销的运作模式。这种模式最大限度地照顾到"事件营销"的一次性消费特点,同时在品牌寿命有限(品牌背后的价值提供者艺术生命和自然生命有限)的前提下,使得"三高"价值提供的制度化(多项目管理)充分发挥其商业潜力。

10. "三高"现象向我们揭示,在某些领域内,合作的前景和空间可能远远大于我们今天的想象。合作可能以多种不同的方式进行，由于不同的原因而发生。与对手合作也可以共同取胜。

总而言之，无论是在艺术领域还是在商业战场，合作随处可见。合作造就了规模经济、范围经济、学习效应和强势组合的各种可能。许多艺术机构都在逐渐地采用艺术节、共同策划、互相推介等合作方式来取代孤军奋战的做法。他们力图实现资源互补而不是互相争斗，从而企图获得同一客户群体的垂青。实际上，有很多艺术机构和"三高"所在的歌剧领域相似，比如美术、戏剧或大众娱乐。在这些领域里，通常的艺术规范是各自为政，以艺术家个体的明星效应为主要出发点。然而，重量级明星的合作仍然有很大可能。与企业界的待遇不同，各类反垄断法并不反对或制裁明星艺术家的合盟。如此，明星间的合作应该更具操作可行性和社会合法性。

当然，与对手合作的案例并不仅限于新时代的艺术产品创造和营销领域。我们不妨仔细看一看一些传统产品和服务领域中营销高手的最新举动。他们也在通过不同的竞争与合作战略不断地增强规模经济和范围经济，最大限度地挑战反垄断法的束缚，增强品牌的知名度和生命力，企求市场中的强势地位。比如宝洁最近兼并吉列之举，便很可能导致一个潜在的赢-赢组合。这项兼并将会使合并后的企业拥有21个每年销售额超过十亿美元的品牌。站队宝洁旗下，获得的是创建和管理强势品牌的实力和经验以及总体的美誉盛名。何况吉列也拥有诸多颇受欢迎和久经考验的日用消费品强势品牌以及品牌管理的丰富经验和辉煌业绩。

看来，并不是只有"三高"才可能一路唱到银行。

有感而发：说东道西

- 做人要实在
- 只要你过得比我好
- 惊诧于有关环保的欺人与自欺
- 好人与坏蛋：几分糊涂几分迷
- 其实谁都不容易

做人要实在

在北大和自认为比北大还北大的大学里,通常都对学生有这样一种类似校训的期许:以天下为己任。这无疑反映和延续了千百年来中国士大夫文化的传统,及其经世济民、立国兴邦的宏愿。在皇权制度下,天下之大,莫非王土。每个百姓皆为天子之臣民。如此,大一统的天下,进行着的是单一的官本位游戏。以天下为己任,无非是在承认皇权至上的游戏规则基础上为皇权效忠、为臣民谋利之意。

时至今日,天下已非昔日之天下,民众已非昨日之臣民,游戏亦非只有官本位的游戏。以天下为己任的口号和理想便显得有些空泛和滑稽。这些学校毕业的许多精英们也会惊奇地发现,自己胸怀祖国,放眼世界,以天下为己任,而天下根本不把他们当回事儿。"我本将心向明月,奈何明月照沟渠。"于是,他们感到困惑、疑虑、愤懑、空虚。这些都是正常的,因为天下只是一个虚幻的概念,而不是一个真实的存在,只是一种理想中的游戏场而已。

很多人在追求"干大事"的虚罔梦想之际,往往容易忘记自己的实际处境、日常生活和工作的圈子,以及自己的家人和所处的社区。这种现象实际上从我们对娃娃的教育上就已经初露端倪。据报载,某家长经常以自己孩子的聪明才智而炫耀,见人就让人家问孩子美国第34任总统叫什么名字。别人自知孩子对历届美国总统的名字可能背得滚瓜烂熟，于是就问了一个另外的但并不新奇的问题：你爷爷叫什么名字？孩子抓耳挠腮，无言以对，困窘之极。

也难怪，别说孩子了，胸怀天下的人，满脑子装的都是伊拉克、索马里、美国总统、中央政治局、国际新闻、世界天气、文体明星、情景喜剧。他们对电视里、报纸上和网络中的人物，不管是真人还是虚拟，比对自己的亲人还更了解、熟悉、关心、在意。每个人都愿意生活在自己营造的大世界"天下"里，而不愿生活在那并不尽如人意的真实世界的"鸽子笼"里。因为，真实世界往往使人觉得蝇营狗苟，不得不直面惨淡的人生，正视那些令人不悦的细节和难题。

那些真正干大事的人，通常是不把自己和家人当回事儿的，从大禹治水，三过家门而不入，到焦裕禄治理盐碱地，不惜病体。这些用特殊材料铸成的人，专门利人，毫不利己，令人钦佩，但非常人可以企及。即使如此，他们干的也都是自己身边社区的事儿，为自己看得见的大众谋福利。焦裕禄没有整天惦记着全世界的受苦人，到马达加斯加去垦荒，兰考是他的阵地；而早年间的欧洲，也并不需要大禹同志去操心兴修水利。

以天下为己任与否，我想，大家最好还是先从自己做起，从身边做起。关爱老人与孩子，搞好夫妻关系，抽空锻炼身体，积极奉献社区，打扫卫生，清洁环境，保护水源，净化空气。上班认真工作，下班好好休息。没事儿给爷爷奶奶挂个电话，给老爹老娘发个短信、送点儿礼。人活着不容易，亲情尤其值得珍惜。

正像我们老乡刘震云说的，其实，一个人每天生活中固定打交道的就那么几个人，把小环境处理好了，一个人的生活就安稳了，天下就太平了。否则你们家小保姆给你轻轻示个威什么的，也够你受一阵子的,绝对会影响你的豪情壮志,耽误你"身在西下洼,胸怀亚非拉,放眼爪哇、苏门答腊、埃塞俄比亚、尼加拉瓜"。

在我们的工作中,一个人的角色和活动空间通常也是被岗位责任和组织机构清楚地界定的。比如,一个跨国公司的接待员,可能就是坐在第12层楼上的面对电梯口的一个小桌子后面,迎来送往,接听电话,每天说N次"中国××公司,您好,请问您要哪里?"中国××公司,对她来说,就是这个小桌子。她把自己的工作空间想清楚了,职责整明白了,环境布置好了,愉快地做好本职工作就是对公司最大的贡献。给人家个基本市场价工资,又想让她满脑子的公司使命、战略、核心竞争力什么的,恐怕还不如让她"身在西下洼,管好西下洼"就是了。"组织里每个员工都可能是领导,领导力就在每个人的心里"之类的自欺欺人的说法,简直就是无端的梦呓,强词夺理。

没错,像基辛格那样的人无疑是要以天下为己任的。早在哈佛大学读博士的时候,便开始打基础,为该校培训世界青年政治领袖项目办班儿做事,从中拉关系。中曾根康弘、穆巴拉克等后来权倾一时者皆为当年班中小兄弟。即使这样,亨利也是起家于当班主任之类的琐事,点点滴滴。北大当年的李大钊、陈独秀,铁肩道义,妙手文章,也是从教育这一具体事业做起。

北大人中肯定是要出基辛格或南陈北李这样的人物的,干大事者,以天下为己任,惊天动地。而大多数人,即使是大多数北大人,很可能受用不起"天下",入不得局。因此,还是该卖肉卖肉,该道义道义。这话听起来有点泄气,似乎有点宿命论的感觉。比如在某个网站上曾经看到过这么一个说法:该吃吃,该喝喝,啥事儿别往心里搁;人的命,天注定,胡思乱想没有用。这种说法好像确实有点颓废。然而,本文所强调的,实际上是说,即使那些甘愿为"以天下为己任"献身的仁人志士,也得从小处做起。而那些臆想"以天下为己任"的叶公好龙者最好先回到身边的现实中来。

所以说,做人要实在。

(2005年10月26日于伊利诺伊州春田市)

只要你过得比我好

我们小时候上语文课学造句,经常用的一个句式是"只要……就"。比如,"只要我们努力学习,就一定能够取得好成绩",或者,像我在前面《那几许蔚蓝色甚是令人痴迷》一文中提到的《红色娘子军》里吴琼花所发的誓言"只要打不死,我就跑!",等等。很显然,上述句子中表现的,从表面上看,似乎应该说是一种"因果关系"。用语法学的术语说,"只要"是"就"的条件状语从句。但问题是,虽然句式相同,上述两个句子中体现的"条件"的性质是有本质区别的,"结果"也不完全都是确定必然的。它们背后反映的不同逻辑很容易被混淆。

造句是作文的基本功。习惯了用"只要……就"这样的句式,我们在思考问题和写文章的时候,就很可能受这种句式背后逻辑的深刻影响。而混淆的逻辑一旦在我们脑海中形成某种思维定式,也会不自觉地反映在我们的思考、写作、理解和行动中,并很可能误导视听,贻害他人和自己。因此,对上述句子中不同逻辑关系的考察和澄清是很有必要的。

仅就字面而言,"只要"是"就"的充分条件,"只要"导致"就"后面的结果。在吴琼花的话中,"就"后面的结果是一种主观行动,人可以在很大程度上(甚至完全)可以进行控制。这有点类似鲁迅先生说的"我倘能生存,我仍要读书",或者大家经常说的"只要你对我好,我就会对你好"。只要前提条件存在,就会引发某种允诺了的行动。因果关系是成立的。这时的前提是客观的,引发的结果是主观(承诺)的。

相反,"只要我们努力学习,就一定能够取得好成绩"这一句话中的关系是不是因果关系就值得怀疑了。在这种情况下,"只要"所引出的条件是主观因素或行动,而实际的结果却是在很大程度上受客观条件影响和限制的,大概应该是"就可能"而不是"就一定"。也就是说,"就"后面所表述的结果是否发生,并不只是我们的主观因素所能完全决定的。谁敢保证只要你尽了最大的努力,你就一定能取得好成绩(或者,就能成功、胜利、达到目的)?!

显然,这时的"只要"并不是"就"的充分条件。同样,"只要我好好干,就一定会被赏识,被提拔","只要我们坚持不懈,就一定能到达理想的彼岸"等说法也是不一定靠得住的。它们宣称的不过是一种信念或者偏见,甚至是欺诈,比如,"(只要)人有多大胆,地(就)有多大产"的提法,便是上佳一例。

当然,还存在另外两种可能性。

第一,原因(或条件)和结果都是主观因素或行为。比如,"只要我喜欢一个人,我就会去告诉她"。也就是说,当"就"后面的结果是主观决定的话,这种说法的实质是一种用行动成全和实现誓言的过程。

第二,原因(或条件)和结果都是客观因素或现象。比如,"在某种大气压下,只要水被加热到某个温度,它就会沸腾"。这时,"只要"代表的是充分条件,因果关系是成立的。

当然,在第二种情况下也会出现因果不匹配。比如,"只要打雷,就一定下雨"的说法是不可靠的。也就是说,当"就"后面的结果是客观决定的话,这种说法便有偏颇的可能。因为"只要"和"就"之间的关系很可能是某种统计规律(是可能性,可变化,"立竿"不一定"见影"),而不是屡试不爽的公理或定律。

综观上述四种可能性,一个潜在的误区就是强行地把主观因素当成导致某种客观结果(或者主观因素无法完全控制的结果)的充分条件或前提。把可能性当成必然性,把偶然关系当成定理,片面夸大,臆想当然,都是错误的。正像守株待兔者坚持不懈地认为:"我这辈子就守在这棵树这儿了,我就不信,只要我执著,我还就再拾不着撞树的兔子了?!"

某些励志名言如此蛊惑道:"只要有百分之一的希望,就要尽百分之百的努力。"没错,当一个人拥有无限资源并且一天到晚只干一件事儿的时候,这种鼓励似乎无可厚非。对于一个资源(时间、金钱、能力、自律)有限并且每天要应对多种任务和挑战的真实世界中的凡夫俗子来说,这种不计后果、不顾可能、不负责任的说教无异于恶意怂恿和戕害。

所以,当我们再听到类似"世上无难事,只怕有心人"(只要你用心,世上就无难事:Nothing is too difficult if you put your heart into it)的豪言壮语时,最好不要过分激动。世界上很多事,不管你用不用心,都是很难的。有些事,并不因为你用心与否,就能改变其难度。这时候,还是多想想另外一组说法,比如,"别在一棵树上吊死","不要一条道走到黑",等等。

没人能保证一个人付出了努力就一定有成就。"只要我们努力学习,我们就问心无愧"的说法恐怕还有些道理。有没有成就不是完全由我们决定的,而问心无愧是我们自己可以做到的。

还有,想当然地将某种可能的因果关系固执己见地当成公理,也很容易混淆对前提条件和结果本身的把握和定义。比如说,如果我们坚信"只要我们努力学习,就一定能够取得好成绩"是一条公理,那么,一个人如果付出最大努力,只差没有累死,仍然没有取得好成绩,我们便可以反过来义正严词地推断说:"还是你没有真正努力,或者努力得不够。""如果努力了,怎么会没好成绩呢?"应该说,这种逻辑近乎无赖。而无赖却广泛存在。比如,"只要你心诚,你就一定能生男孩儿"。

也就是说,在我们描述前提和结果的关系时,前提和结果应该是可以独立测量的,并且不能够关联定义和循环论证。

比如说,某人可以对他的朋友发誓"只要你对我好,我就对你好"。实际上,当"你对我好"的确发生以后,却没见"我对你好"的对应结果时,如果"你对我好"不能有第三方公正地测量,"我"这个爽约的人就永远有机会说:"我说的是只要你对我好,我就(必定)对你好;而我现在并没有对你好,恰恰说明你根本没有对我好,或者没有像'只有你对我好'中定义得那样好。"

这样一来,"你对我好"跟"我对你好"几乎就是一回事儿了。这种关联定义和循环论证混淆概念,冗余重复,导致因果关系不清。难怪当年美国总统老布什有句车轱辘话曾经被人大加嘲讽。那就是"不生病的最好办法就是保持健康"。多新鲜呐,这简直就等于是说"要想不死的最好办法,就是好好活着"。

好好活着吧。

"只要你过得比我好,过得比我好,(就)什么事都难不倒,一直到老,啦……"

如果你觉得这种虚妄卖乖的歌词有点前言不搭后语,胡说八道,那你还没听麦当劳的口号呢,根本不用什么条件状语从句,整个就一结果状态:"我就喜欢!"

耶!

(2005 年 4 月 5 日—9 月 21 日)

惊诧于有关环保的欺人与自欺

不知从何时开始,"环保"成了我们生活中随处可见并很是令人关注的话题。曾推出《增长的极限》一书的罗马俱乐部,当年那么危言耸听地恐吓和警示,我们都没有把可持续增长当回事儿。看到电视里报道的国外环保主义者(比如绿色和平组织成员)不惜生命危险,使尽各种招术,去唤醒人们的环保意识,去实践环保理想,我们的反应也不过是像看赵忠祥解说的动物世界节目一样,觉得新奇和好玩儿,但终究与我们的生活相去甚远,没有太大干系。我们还没饱暖几天呢,哪有工夫去思度那么花哨的淫欲?

可是,一旦我们认准了什么理儿,不管理儿或概念后面的现象究竟如何,理儿和概念本身就会具有持久的正面意义,我们就可能会变得不可思议地执著和坚定不移。

比如,我们自20世纪80年代以来对胆固醇的声讨和恐惧。什么东西胆固醇高,大家就毫不犹豫地认定它是坏东西。后来我们又被告知某些胆固醇是"好东西"。结果,我们对"好胆固醇"的追求又开始热情洋溢,矢志不渝。

人家说 Intel Inside 高级,我们就要把 Intel Inside 运动进行到底。没有 Intel Inside,根本不是正宗的 PC,哪管它什么成本、适用性、还有什么AMD。

从吃喝到化妆品,凡是纯天然的都是好东西,谁要是打岔,提醒我某些毒药也是百分之百纯天然,我立马儿跟谁急!连纯天然你都敢怀疑?哼,看来我以后圣诞节聚会名单上将不再有你……

如今,我们对待环抱的态度,与上述情形基本相差无几。

我们不禁要问,到底是谁在高举环保大旗?难道我们突然间变得如此觉悟,如此高尚,信奉和推广利他主义,关爱自然,保护环境,考虑下一代的生息?

单从众多随地吐痰者的肆无忌惮和泰然自若这一条来判断,讲究环保,在很大程度上是炒作概念,基本上是欺人和自欺。其实,我们真正关爱的不是环境和它的长期可持续,而是我们每个人自己。

环保建筑、环保水泥、环保橱柜、环保桌椅、环保装修、环保粉笔、环保餐巾、环保内衣,有机肥养出的是无公害绿色食品"环保鸡",而只要自称辐射小就可独家冠名"环保手机"。原来,这些名堂大都是各类商家搞的把戏。令人顿生温暖,催人无限感激,烘托出莫名其妙的优越感,激发出令人自觉境界高尚的快意。

其实,仔细想想,环保的对象,一般意指我们赖以共同生存的大环境、公共环境;环保,意味着有节制地利用不可再生资源,减少污染,保护生态平衡,寻求可持续发展等。而对自己家中小生活环境的保护和清理,是每个人自己的事情,严格意义上不能称为环保,顶多是"自保"、"家保"。

大环保是公益事业,需要鼓励、劝说,甚至某些牺牲,比如对方便性的牺牲。而小环保(自保)是自家利益,无须别人敦促,都会自扫门前雪。过去我们经常听到的是"一定要把公社的地种好!",而没人教导你"一定要努力种好你们家自留地!"历史告诉我们,领导需要各种口号和激励才能让人们为集体上工出力;你搞你们家自留地根本用不着谁来给你送温暖,下指示。所以说,你保护你们家的环境简直是天经地义,哪用宣传和提倡?!至于大环境嘛,跟我有什么关系?我一家的作为又能怎样?这大概是经常的、真实的反应。

而我们商家现在标榜的所谓环保,不过是正中消费者下怀的"自保"和"家保"。其实质在于"人保"或曰"保人"。比如你买一张桌子,卖场中不同的商贩们争先恐后地嚷"我们家的比他家的环保!"什么意思呢?他们家的桌子用的胶水没有味道,不呛人。至于这种胶水,长期而言,是不是比味道大的胶水对人体和环境有更大的损害,在制作桌子的时候,选材用料和工艺过程与竞争对手比是不是对环境负面影响小,在桌子废旧后的处理方面是不是比对手产品更减少对环境的压力,等等,这些,没人去仔细求证,消费者也无暇关心。消费者真正关心的是自家的婴儿是否会由于桌子散发的某种有毒气味而发育不良。

所以说,与其说是环保,不如说是人保。与其说是保环境,不如说是爱自己。

爱自己,天经地义,无可非议。谈到爱自己,谁比谁傻?但是,最好不要动不动就冒充以环保的名义,因为我们并没有那么高尚。有人会说,环保的目的,不也是以人为本吗?没错,环保,更确切地说,是以人类为本,为了人类的长期生存。在某种程度上,是牺牲自己的无度享乐,是为了后代的良好生存。所以,我们还是有必要把商家所吆喝的并且我们引以为豪的"伪环保"与真正意义上的环保分开来。让我们勇敢地承认我们的自私和不足。

真正的环保,不用说任何大话,应该先从改掉随地吐痰的恶习做起。

需要指出的是,这里笔者只是强调了我们,包括商家、消费者和媒体等相互勾结串通,有意无意间对"环保"一词进行了某种集体玩弄这一事实。这种玩弄(或者说,任何玩弄都)是不公正的。而强调这种事实,并非就意味着笔者是环保主义者。恰恰相反,笔者信奉的是人本主义,但又不是极端人本主义。任何极端的主义或者主义的极端,都对别人的主义不能容忍,不管是什么流派、什么标签,都要铲除异己。极端和平组织者也可能会诉诸暴力。将生命的权利看得比天大的某某主义者也会通过戕害他人而向社会发出自己的某种信息。

极端环保主义者,实际上也是极端人本主义者。他们将自己的意愿强加在环境之上。他们要扮演上帝。他们关注的可能是环境的持久优良,他们更关注的可能是他们作为人所拥有的这种信念和追求本身。

信奉人定胜天者和极端环保主义者都把人类凌驾于自然之上,认为人类能够最终左右环境,而人本身又何尝不是大自然或环境的一部分?为什么要把环境和人隔离开来看呢?为什么我们就非要以为我们比大自然中的其他构成部分要高明、特殊呢?如果我们是自然的一部分,那么我们的行为到底是自然的呢,还是不自然的呢?

可以说,环保,很自然,人类要为自己打算。而不那么环保,也很自然,人类要在当下生活,而不是老为将来打算。

某些自感价值优越的环保主义者和动物保护主义者很愿意代表人类向濒临绝种的动物道歉,甚至向食物链中的大规模家养动物道歉,似乎我们破坏了它们的生存环境。有位搞传销的前友人曾经为了向我推销某种净水杯,给我整段子,讲环保,把人类骂得狗血喷头:我们不但宰杀动物,吃它们的尸体,还甚至要吃它们的蛋(比如鸡),何其恶毒乃尔?!当时,我真是无言以对,只叹自己不是一个素食主义者。转念一想,那植物怎么就那么倒霉,顺理成章地被肢解啖食?只因我们认为它们没有生命和灵魂?

在生生不息的大自然中,作为人类,也许我们的恶毒是上帝赐予的,如此,我们需要保留使用上帝赋予的权利的权利、生存的权利。否则的话,我们很可能成为其他物种宣扬环保主义时的同情对象。

不消说,我们要保护我们的水源,净化空气,减少污染,环保当然是必要的。同时,该吃肉吃肉,该夹菜夹菜,顺其自然。我们先不要说未来,也不要对下一代卖乖。先把我们现在的公共生存环境侍弄好,在各家自保的同时,不要忘记环保,不要以邻为壑,乱扔垃圾,再说一遍,吃完肉不要随地吐痰!

当然,这些对环境和他人的基本尊重,除了教育以外,还靠经济的发展。而经济的发展,往往又对环境带来巨大的压力,对环保提出持久的挑战。当人们还在为生存而奔波的时候,当政府必须首先专注经济发展的时候,奢谈环保基本是扯淡。环保也要有人埋单。这倒让我想起不知是萧伯纳还是王尔德的一个剧本,其中一个地方官呵斥一个行为不轨者:"难道你没有起码的道德吗?"答曰:"负担不起,长官!"

不知道这位英国行为不轨者是否随地吐痰。

(2005 年 10 月 18 日—19 日于海淀上庄)

好人与坏蛋：几分糊涂几分迷

我们这些生于六十年代的人，从小看电影养成的一个习惯，就是首先把电影里的人物清楚地定性成好人或是坏蛋。否则，故事就不成为故事，乾坤则不成其乾坤，想不通，脑子乱。应该说，我们小的时候，大家区分好人坏蛋很容易。第一，价值体系同质单一，判断标准明确清晰。第二，小时候看大人世界的事儿，基本上是旁观，一般没有直接影响小孩儿自己利益的瓜葛和纠缠。所以，拿外在给定和灌输的相对统一的标准来套用，好人坏人，一目了然。

等到稍微长大了一些时候，才发现，好人和坏人有时是很难完全区分开的，因为好人也会由于不得已而办坏事儿，坏人也可能由于良心未泯而积德行善。过去是好人的人可能现在自甘堕落，变成了坏蛋，过去是坏蛋的人也可能幡然悔悟，痛改前非。在外面是恶棍的人在家里可能是优良模范，而在家里横行霸道的人出门可能大气都不敢喘。众人有口皆碑的好人可能是狡猾深藏的内奸，被有些人奉为神圣的人可能被别的人认为是十恶不赦的罪犯。

如果这样的话，似乎人与人之间，只有差异，没有好坏；只有在不同舞台上对不同角色的表演，没有从根儿上固定的好人或坏人一成不变。这种解释和思索，在一个日渐长大的少年的心中，还是懵懵懂懂，不能令人觉得完全信服，总觉得不太对劲，不能让人思绪坦然。于是，心中总是试图至少笼统大致地给好人坏蛋们划个界限，有个大方向什么的,才算有个积极正面的人生观,一个比较正确的行动指南,从而便于争取当好人,坚决不当坏蛋。

比如,有些人可以说是好人里的坏人,或者说,正常人里面偏坏的人、比较落后的人、相对自私的人、不够纯粹的人、没有脱离低级趣味的人,甚至阴险狡猾的人。这种所谓坏人,一般情况下,按毛主席的话说,大致属于人民内部矛盾。有些人可以说是坏人里的好人,或者说职业坏蛋里面偏好的人、比较进步的人、相对义气的人、非常开明的人,甚至十分正派的人,但又的确是"坏人",因为他们以干坏事为营生,以干坏事著称。这样想,心里才稍微有了点儿底,至少,要往好人堆儿里钻,人类别得先把握准。

我们上小学的时候,经常到那个门前广场上立有(至今仍在的)巨幅毛主席雕像的河南省博物馆,去接受各种革命教育。在那里看过好几次当时很时兴的公安展览,对栩栩如生地表现某个表面上是模范售货员而背地里盗窃国家财产者的那个展台印象尤其深刻。心里想着,好人坏人还真是难判断,不能只看一个人光天化日之下的表现。幸亏法网恢恢,疏而不漏。坏蛋再阴险,善于伪装,也逃不出人民专政的铁拳。在省博,还看到过我军击毙国军将领邱清泉的写实照片,见识了国军坏蛋的下场悲惨。

而整个博物馆里,最令我惊奇的,是当年彭雪枫给邓颖超的一封信。看到大照片里身骑战马、英姿飒爽的新四军第四师师长彭雪枫将军,敬佩之情油然而生;读着他字迹俊秀、热情洋溢的文字,思绪良久,或者说,简直就是一种震撼。革命军人怎么能写出这样柔情似水的话语,如朋友间推心置腹地倾心交谈,还称"小超大姐"。那时的感觉,彭师长简直就像是留洋回来的国民党高官坏蛋,对于我们小孩子来说,如何能欣赏这革命浪漫主义情怀和军中儒将之意蕴风采。痛惜彭师长,在某次战役中不幸身中流弹,以37岁英年殉国。要不然,建国后授勋,可堪与大将粟裕、陈赓比肩。

无独有偶,新四军军长陈毅将军亦以儒雅著称。据说,陈老总接管上海后,很多把共产党干部当作土包子赤匪坏蛋的资本家太太们,知道陈市长还听贝多芬的《英雄》交响曲,看法就有所改变。于是,被我们认为坏蛋们眼里的坏蛋也会摇身一变。

还有,小时候看过的电影《永不消逝的电波》里,叛徒特务大坏蛋"王心刚",听到我地下党员"孙道临"给组织发电报的声音,面露一丝敬佩地夸赞说,只有孙道临能这么手法娴熟,信号准确清楚。看到坏蛋也会欣赏好人的好手艺,顿时让人感到很是新奇。

当我们上中学的时候,就赶上拨乱反正了。古装戏又让唱了。于是迷上豫剧,《下陈州》、《三哭殿》、《穆桂英》、《秦香莲》。进了剧场,就好了。唱戏的脸谱儿帮大忙了。谁好谁坏,是忠是奸,勤奋刻苦,游手好闲,全写在脸上,也在行头上显示,更在做派上表现。再加上各类富于神韵、体现人物特色的唱腔,肯定会叫你把坏蛋恨得咬牙切齿,把好人喜欢得看了再看。

大青衣张宝英开口一段儿"三江水洗不尽我满腹冤枉",声情并茂,唱作自然,如泣如诉,扣人心弦,亦哀亦愤,含悲带冤,荡气回肠,撕肝裂胆。就仿佛秦香莲抱着琵琶,满面泪容,活生生、眼睁睁站在5排2号的你面前,硬逼你表态,看你的屁股究竟坐在哪边。这时候,陈世美咋看咋是坏蛋,根本就不可能让同仇敌忾的你有机会去做什么"两难困境"或者"身在江湖不由己"之类的道德权衡与哲学思辨。写戏的文人,不得志的居多,因此,同情弱势群体,中国传统戏文是一典范,并在广大的老百姓中影响深厚,广为流传。

出了剧院,好坏就又变得不那么清楚了。在经常去河南省豫剧院二团排演厅看戏的年月,骑车回家的路上可以在路边买两毛钱的五香花生米,到家就着一个馒头吃了,第二天早上可以有劲儿起来到二七纪念塔、紫荆山百货大楼等地跑步锻炼。而那时买花生米也不是每次都能遇上的。因为,卖花生的是游击队。投机倒把的说法当时还在延续着,虽然我喜欢这些人在我回家的路上引诱我,但市管会的人坚决不同意我的看法。在他们眼里,这些小商贩都是扰乱社会治安的坏蛋。

后来好了,当年卖花生的坏蛋,很多都成了先富起来的企业家,跟领导握手照相,成了好人模范。又过一段时间,这些好人中的有些人,和当初与他们握手的领导们又一起完蛋,再次成了坏人、反面教员。

改革开放了,孩子的世界也变得缤纷多彩。有那么一幕,我至今难以忘怀。在郑州市德化街新华书店门口,两个小学生年岁的小孩儿,坐在门台儿上,脸不变色心不跳,在高价兜售某种抢手的小人书。书店进货有限。而他们提早来排队,虽然手上钱不多,但多买一本然后高价卖了,就赚点儿小钱,可以到隔壁的刘胡兰糖烟酒店去买包刚从上海进来的泡泡糖解馋。年头变了,小孩子都会投机倒把了。

真不知他们的家长是应该为他们感到骄傲还是惭愧,他们的老师认为他们是好人还是坏蛋,还有他们的同学又会怎么看。如果他们长大以后,仅仅在火车站一带或东方红影剧院门口当个票贩子什么的,肯定是屈才了。我怀疑当年那两个小孩儿现在是倒腾原子弹还是买卖航空母舰。

后来，台湾地区的国民党老兵中混得不错的又回祖国大陆访问来了，统战部的人还派车拉他们，迎来送往，旅游观光，很受优待。他们中有的还给家乡投资修路建厂，被大家当好人好事大大地表扬称颂，自不待言。如果邱清泉当年没有被击毙，可能也会再次回到曾经生活和战斗过的地方，慷慨一番。

有的老兵，一到开封，放声痛哭，泪流满面。当年，我们离开开封的时候，这城里就是这样，几十年了，一点儿没变！统战部的同志一听就不高兴了，心说，我这儿天天陪着你逛游，你还诅咒我们社会主义建设发展得慢！看样子坏蛋就是坏蛋。

其实，也没必要如此敏感，欧洲那么多大街小巷，不是几个世纪都没有变，还照样是旅游胜地，被当作西方文明的化石展演？不信，组个团亲自去看看，只不过各处多了一些中文的提示牌子：不要大声喧哗，请勿随地吐痰。

其实谁都不容易

20世纪80年代中期,中国的改革开放进入实质性阶段。有人说,社会主义初级阶段,计划经济为主,市场经济为辅,要充分发挥市场机制的作用,但体制改革不是制度改变;有人说,欲改革成功,就要大刀阔斧,摧枯拉朽,绝对不能给旧体制以自我修复的时间;还有人说,经济改革离不开政治改革,要首先突破大一统和超稳定,云云。总之,对于当时那些奉《世界经济导报》为圣经的人群来说,主张改革就是好人,其他任何人,基本上都是保守派,保守派基本上都是坏蛋。当时的逻辑好像就是这么简单。国外的媒体基本也不例外,只不过他们用"强硬路线者"来指称我们所说的保守派。

好人坏人较量,辩论接连不断。

有人说改革就像一驾已经起飞了的飞机,不是该不该起飞,而是往哪儿飞、怎么飞的问题。好,那就飞吧。有人说市场经济需要独立的运行主体,没有运行主体,市场本身必是空谈,所以应该从所有制改革入手,比如采用股份制。也有人说,用市场机制调节经济活动,就得首先建立完善的市场体系,没有场地,怎么赛马?所以要首先改革价格体制,启动价格杠杆。又有人说,所有制改革不可能一蹴而就,价格完全放开可能一下子承受不了,因此,改革的切入点应该是双轨制。学者有学者的想法,官员有官员的压力。大概谁也不可能准确地说清楚实际上到底走的是哪条路,或哪几条路。

无论如何,改革继续,争论继续。实际的结果是,我们的渐进改革模式确实比苏东的急速政治改革和休克疗法来得相对成功。于是,我们的经济学家们很愿意自诩好人,让萨克斯当坏蛋。但是,一路走来,我们经历的问题也不少——寻租、官倒、反官倒、河殇、反精神污染、新权威主义,等等。

时光转瞬进入90年代。小平同志南方谈话,大家达成基本共识,发展才是硬道理,谁不支持改革谁下台。再演春天的故事,我们共同走进新时代,"三个代表",与时俱进,和平崛起,增强执政能力,保持共产党员的先进性。群情振奋,强国富民,精神抖擞,沸腾洋溢。

中国的迅速崛起,让世界瞩目,自然也让世界上很多人担心,或者暗地里着急,包括很多在国内的人。经济迅猛发展,是否过热?三农问题严峻,是否危机?腐败屡禁不止,怎样对待?职工下岗问题,如何处理?这些都是关乎社会经济长期稳定持续发展的重要问题。

一石激起千层浪,大家又把目光关注到国有资产流失问题。很多被指"侵吞国有资产"的各类企业家和管理者们,前一阵子还是国企改制的先锋,立马变成了想趁机偷偷摸摸地廉价买断我们优良国有资产之徒,硕鼠坏蛋,贪婪之极。许多人,尤其是许多网民们,闻之拍手称快,大声疾呼:对,不能便宜了他们!有些人则更坚决:我们公有的资产,全部烂掉,也不能让某些人拿去为个人谋私利!

稍微知道一点儿改革历史沿革的人会诘问:有意思,睁眼看看,难道国有资产流失是今天才开始的吗?你以为什么是改革?什么是所有制改革?80年代我们顶着压力推动改革的时候,你在哪儿?

大洋彼岸？站着说话不腰疼，现在来装好人，摘桃子了。这种反诘，虽然声音不是很大，就已经足够引来更新一轮的狂轰乱炸。什么？还敢为"侵吞国有资产"辩护？好么，网民们情绪更加激愤地反击和攻讦，信誓旦旦：不管什么时候，我们都坚决不能坐视国有资产流失而不管！于是，80年代那些鼓吹改革的好人们，命运180度大转弯，现在被"公众"称为资本家的走狗和为富不仁者的代言、透顶的坏蛋。

实在是可怜，按照最近某人"中国大陆合格的经济学家最多不超过5个"的说法，这些曾经红得发紫的好人，如今臭名昭著的坏蛋，折腾这么些年，连个经济学家的名头都没混上，遗憾哪，一群误国误己的书生？！

真不如把海外华人中（包括香港地区）那些真正合格的职业经济学家请回来，或者把合格的职业社会学家也一同请回来（比如解决下岗等社会问题）。这样就好了。有了这些合格可靠的学者，治国救民的书生，他们既能在ISI收录的国际主流经济学和社会学界顶尖的学术期刊上大把大把发表论文，为国争光，建立世界一流大学，还能顺便捎带着把中国的社会经济问题摆平，至少能够"春江水暖鸭先知"，富于正义感地大吼一声，提醒睡眼惺忪的大众：快看，国有资产在流失耶！瞧，大大的好人呐！

如之奈何，世界是多元的世界，人群是复杂的人群。所谓国家、人民、大众、老百姓，都已成了空泛的字眼，每个人都认为自己是最典型的老百姓，最具有资格代表人民。很多人在说自己问题的时候，也非得把人民这个总体拉上，不管被拉上的人民到底是否愿意当这个人民。

事实上,社会的阶层永远存在。官员、业主、老板、下岗职工、明星、各类曾经风光的人、即将退出历史舞台的人,不同的集团,不同的利益。好人坏蛋,朋友敌人。三十年河东,四十年河西,山不转水转,人不变名变。人变名不变。大家都在积极挣扎,谁都不容易。

如今的小孩子也不容易。虽然大人还是习惯性地想起自己小时候的好人和坏蛋,并不假思索地对自己的孩子灌输一些自己小时候的是非观,小孩子、独生子女们,对自己的切身利益的关注和维护,比我们小时候聪明多了。比如,电视剧里的穷人们几乎毫无例外的都是好人,地主资本家都是坏蛋。老看这种电视的小孩子,在家长的启发教育下,就会要求向好人学习。有的实诚的孩子会说,妈妈,等我长大了,我也当穷人!这时候关心孩子前途的家长才会露出真面目,妈妈说,穷人没有钱,就不能买汽车,住大房子。小孩子反应快得很,妈妈,我要做有钱的穷人!好,真是好孩子。

电影《金光大道》里张金发有句名言:"谁发家,谁光荣;谁受穷,谁狗熊。"当年他要单干,不愿意加入人民公社,轰轰烈烈。(当然,入社前,自留地还没有成国有资产呢,也就不存在流失问题。)我们小时候看电影,觉得这个坏蛋,真是顽固不化,令人气愤。

电影里那激动人心的歌谣今天笔者还清楚地记得:"咱们的天,咱们的地,咱们的锄头,咱们的犁,穷帮穷来,种上咱们的地,种地不是为自己,一心要奔社会主义,社会主义!"那种境界、那种气氛、那个火红的年代,想起来,够劲,好。

而事实是,我们并没有亲身经历那个年代,但我们在童年看过别人讲述那个年代。说好,是因为看那个故事的经历已成为我们生命的一部分,成为美好的回忆。

被美国电影学会评为20世纪百部名片之首的电影《公民凯恩》中,那个曾经大富大贵、权倾一时的报业大亨,临终前嘴里念叨的不是穷富好坏、成就功名,而是"玫瑰花苞",他小时候最喜欢的滑雪板儿上印着的名称。儿时的经历是永不磨灭的烙印。

也许,等我们到了80岁的时候,了无牵挂,身心释然,没有利益障碍,没有是非遮拦,可能眼界又像儿时那样清楚了。谁是好人,谁是坏蛋,一箭洞穿,清晰可鉴;也可能根本什么好人坏蛋都不在乎了,因为已经没有什么可以在乎的了,在乎也没有用了。

每一天,都是从上帝那里按揭来的。能做的,只剩下睡觉吃饭,如果还稍微耳聪目明的话,可以隔三差五地看一看《小兵张嘎》、《侦察兵》、《春苗》、《红雨》、《决裂》什么的,回忆一下曾经在小时候经常看到的好人和坏蛋,怀念一下那永远逝去的色彩斑斓的幸福童年。

(2005年4月19日—11月19日)

袋子就代表装管理

牢骚·抬杠·断想·花絮

- 请您想入非非
- 只为那栏杆和沟的记忆
- 为什么非要老拿分数说事儿?
- 说不清什么叫断想,哪些是花絮
- 在梦里

车塵・治虫・砲煙・花嫁

请您想入非非

读者诸君,行文至此,突然出现一排四个小天鹅,复姓标题——牢骚·抬杠·断想·花絮。怎么讲究?什么秘密?换一下口味,整点儿稀奇?爆点儿猛料儿,透点儿体己?老实说,没那么火。读到这般时候,您也基本上看清楚这本书的成色了,也就是那么点儿车轱辘话,翻来覆去。换个名字,不也是力图让您每天都有新感觉么?

这倒让我想起上大学的时候,某位姓赵的干部班儿的学员在我们系一次联欢会上返场时加演的几句山东快书:"说你那个食堂没搞好,饭菜做得太单调,早上辣椒炒土豆,中午土豆炒辣椒,晚上换了个新花样,土豆·辣椒一块儿炒!"您看,在书面语言里,我们还可以在济南的土豆和济宁的辣椒之间加个点儿,就成了爱得侯州的土豆和约克郡的辣椒了,透着洋气。

您明白了么?

其实,明眼人一看就知道,这是写剩下的边角料没地儿安插了,凑到一块堆儿打包出售,还得编排得有名有姓,称为冬季滋补系列之类的,就像莫斯科餐厅的经理可能会在看完了本书以后,受启发将他们现在30块左右一份儿的奶油杂拌儿改名叫"老莫·老柴·四小天鹅·奶油杂拌儿",然后要价80,还"免费"送给您一套两张价值100元(实际进价20元)的柴可夫斯基《天鹅湖》全场演出DVD。四小天鹅嘛,品牌杂拌儿。

我郑重建议北大出版社在这页以后的书页中都用红色水印儿，一号字，标上"随书免费赠送"字样。这样您读着也觉得愉悦、刺激，不嫌正文太短，反倒觉着占了便宜。说实在的，下面的文字跟"管理学"已经没什么太大关系，剩下的主要是"说东道西"的故事了。

说真的，实在是分量不够，必须搭配出手，比如大都会歌剧院老是把里昂卡瓦洛的《小丑》和马斯卡尼的《乡村骑士》捉对奉献，也可以说是像京剧《大·探·二》一样可以一晚上连本儿演，虽然实际上《探皇陵》跟后面的《二进宫》没什么必然联系。奸臣篡国，直奔玉玺不就完了吗，还会半夜到荒郊野地的什么皇陵？干嘛？去盗墓？说白了，就是为了让金老板或裘老板逮机会多给大家来一段儿二簧，《开山府来了我定国王侯》，也好让大家觉着这戏码儿足实，您说是不是？

扯远了。

您没看现如今的房地产项目么？如果就用一个名字，哪儿能掰扯清楚我们项目这么多的好处呢？这就得用复姓了。比如"水岸·长堤"、"米兰·印象"什么的。当然，不仅复姓，最好诸葛，总不能叫"长岛·海啸"、"竹园·地震"吧？谁见过开发商把自己的楼盘叫做"莽原·沙漠"、"简朴斋·莫低窟"？

所以，在下的题目"牢骚·抬杠"，已经非常文明高尚了，何况还有另外两只天鹅给您跳"断想·花絮"呢？

您就想入非非吧！

只为那栏杆和沟的记忆

我们上大学的时候，按照传统和惯例，每年毕业前，学校都会为毕业生们组织一顿"散伙饭"，可以说是一个传统、一种制度化的仪式，是让毕业生们期盼和让学弟学妹们羡慕的一个神圣的时刻。

这时候，十一楼宿舍斜对面的四食堂，永远充满油腻的地板才会勉强露出片刻的真实面目，据说是苏式建筑风格的大厅，像将近更年期的半老徐娘，也会努力地整出几分姿色（没人会纳闷儿为什么马路对面人家北外也是苏式，也是老徐，怎么就总是觉得比我们这儿鲜亮，再不济也算小徐），欢送这些曾以自己的四年青春与之相伴，如今各奔前程，也许多年后还会再回来看看她的人。

在散伙饭上，大家可以放声地笑，尽情地哭，有人清醒，有人迷糊，通常腼腆的人也会情不自禁，一贯谨慎的人也会不由自主。想说什么，您就随便说，想喝多少，您就敞开了喝，摔几个啤酒瓶子，辅导员老师也不在乎，大家一起拍巴掌可劲儿吆喝。有人毫无遮拦地踌躇满志，有人暗自发誓要出人头地，有人低头不吭气儿心里琢磨，有人心中不服但嘴上不说。情敌之间，举杯可以言和，尽释前嫌。暗恋多年，偷偷拉手挑明，男女皆欢。想公开的秘密尽情表白，想表现的悲壮激情上演。

最后一次机会了。大家一起坐坐，吃吃，喝喝，骂骂，说说。这是大家集体给大学时代的自己来一个共同的了断。从此，我们毕业了!

时光到了1987年,赶上提倡开源节流,共同节俭。那年后来的国庆招待会都是青茶一杯,而不是喝当年周总理满面春风畅饮的那种茅台,虽然再后来各种媒体大肆报道朝鲜国庆用的篇幅比我们自己的要无比隆重得多。说实在的,除了小时候看《卖花姑娘》和《火车司机的儿子》什么的,朝鲜跟我们没关系,我们关心的是散伙饭。而我们却被告知自己的散伙饭取消了。

取消了?! 真会节俭啊!

看着那年中心花园草地边上幸福的铁栏杆们,不管它们自己是否愿意,一年内被绿色的油漆一遍又一遍地疯狂骚扰,主楼南边的马路,挖了沟再填上,填上再挖开,心里就忍不住地想,我们要是真的吃上这顿散伙饭,这栏杆儿们还不得改行卖油漆,校园里还不得遍地是沟? 据说,管后勤的某位副校长哪天不知怎的,掉到沟里了,于是后来校园里就没有沟了。但我们的散伙饭终究也被埋进沟里了。

于是,大家小范围地聚会,灰溜溜地退场。走得早的人,全宿舍都去北京站送。北京站就是比四食堂风光。最后走的人,孑然一人,形影孤单。送室友时风光无限的北京站如今也显得面目可憎、灰头土脸。站在颠簸拥挤的硬座车厢内,眼望窗外迅速逝去的北京,恍惚中,感觉就像一场没有高潮的性爱,虽然那时候还没有机会实践那种流氓行径。尽管如此,脑子里依然清晰地回荡着四年前初进校门时听到的大喇叭里传出的震耳欲聋的召唤:"欢迎你,新同学! 欢迎你,国防战线的新兵! ……"

时光迅逝近二十年,我们系1980级的师兄中已经有人数年连续上了《福布斯》榜,回学校当客座教授,捐了不少钱。这都合情合理。因为他们当年在四食堂吃过散伙饭嘛。掏几百万小钱算什么?

我们班也有发财的,但还没听说有谁给学校捐过两毛五。也许我孤陋寡闻。

(2005年11月19日于美国伊利诺伊州春田市)

为什么非要老拿分数说事儿？

在我的《决策就是拍脑袋》一书出版后，承蒙署名"牧鱼"的老兄在《新京报》上给了一个非常地道的书评和推介，其文字和气势比我书中之拙劣涂鸦可谓精彩万千。鱼兄开篇是这样写的："看作者的照片，不像经常抬杠的人。他的书名却是绝对的杠头口吻……"

看照片就能看出一个人是否"杠头"，神了。

"天儿凉了，你勒有皮猴么？""没有。""怎么样，没有！"就像马三立老师说相声，"这相面，都能相出皮猴来了！"

在下今儿个也抬抬杠，暴露一下真实面目、丑恶嘴脸。等这本书印出来，请鱼兄万勿推辞，再赐一篇书评捧捧场，是褒是贬随便。"西四鱼店"我请饭，如果西四鱼店还在西四的话。就这么定了吧，肯定不能够像天津白话蛋李伯祥老师糊弄杜国芝老师那样，"咱干脆别吃栗子面儿窝头了"。

现在开练。

对现行的教育体制和考试制度存在的各类弊端的声讨和批判，我们大家最经常听到的一种说法是"高分低能"。对这个问题究竟应该怎么看？

首先，我倒要问一问，到底是高分低能现象更普遍，还是高分高能现象更普遍？如果高分高能现象比高分低能现象更普遍，那么一天到晚地嚷嚷高分低能就无异于故意耸人听闻,以偏概全,给人造成的印象必是好像"高分就自动意味着低能"一样的惊世谎言。

其次,我还要问一句,是低分低能现象更普遍还是低分高能现象更普遍? 如果低分低能现象比低分高能现象更普遍,那么分数高,还是证明能力相对比较高强,分数低,还是证明能力相对比较低浅。

如果在高分区和低分区(如果只笼统地划分高低两半的话),分数和能力都呈正相关,那么,分数就意味着能力,体现的是能力,应该说是一种平均规律,是常态,是主线。高分低能和低分高能都不过是例外,是变奏,是野点。那么,总体而言,高分就比低分所代表的能力强。不服不行。

上面的讨论,主要讲的是逻辑道理,具体实际怎么样,是一个实证问题,需要用系统的观察和严格的数据分析才能检验。而现在,没谁真正拿出过系统研究后得出的证据,说明究竟分数和能力是什么关系或者有没有关系,哪种现象可能实际上更加普遍。所以,无论谁怎么说,基本上都是扯淡。

中国过去施行多少年的科举制度的效果也许能被用来作为一个实践中的证据。当然,即使有这么个证据,也得看你自己的判断了:真正凭成绩考出来的官员,多少是笨蛋? 多少高分者不能胜任朝廷用人的需要和预期? 是不是考上的人比没考上的人更低能笨蛋? 考分上作弊,那得另说了。将来有钟馗老爷整治他们。

接下来,我还要问几个问题。分数本身是不是一个内在可靠的指标? 分数所测量的那种所要学的东西和实际需要的能力是否相关? 除了分数以外,我们还有没有其他更有效的指标来作为衡量能力时的替代？

如果我们可以肯定分数本身的内在有效性,我们就可以对分数作为衡量学生对所学内容的把握程度的一个指标而具有信心。也就是说,分数代表的是学生对课程设计要求所掌握的东西的实际掌握程度。

我在美国教商学院本科生十年,教毕业班最后一个学期的最后一门课。至少据我个人的经验观察,分数是有一定内在有效性的。有一个学期,我专门到教务处成绩科调出班上所有学生四年来的平均分数绩点(GPA),并用它跟在我的课上给出的成绩相比较,虽然我没有作正规的相关分析,但发现二者非常契合。在我课上得 A 的学生基本上四年的平均成绩是 A,得 B 的是 B。

接下来的问题,是我们课程设计的知识内容和学生走上岗位后实际工作需要的能力的匹配程度。这种匹配程度越差,高分低能或低分高能现象出现的可能性越大,因为并不是分数本身和能力不大相关,而是分数背后所代表和衡量的知识与所考察的能力不大相关。所以,这实际上不是高分低能或低分高能的问题,或者根本不是分数本身的问题,而是课程设计的问题,是所教授的东西和所需要的东西脱节的问题。

这就好像你先出一套微积分题让人考试,然后再考察这些应考的人把 60 斤的麻袋从 1 楼迅速扛到 28 楼的能力。你到北大数学系找 100 个学生,你再到蔚秀园学生宿舍建筑工地找 100 个民工,先考试后扛包,你要不铁定证明高分低能那肯定是出鬼了！恭喜你,答对了。

打排球,考弹跳摸高,当年汪嘉伟一绝,分数极高。你能说他高分低能？厨师比赛，专家评委和顾客代表现场品尝，当场打分，你能说分数跟能力没关系？

就连央视电视歌手大奖赛，再有争议、有猫腻，分数也基本上非常清楚地反映歌手们的演唱水准和实际能力。虽然，为了收视率，偶尔也会请散文大拿余院长和著名的李作家，去出一些跟音乐以及歌唱技巧毫无任何关系的综合素质考题，但那毕竟不占几分。

我们是听唱的，又不是看知识竞赛。刘德华根本不用懂什么尼采、萨特、杜拉斯、昆德拉和黄河东流去，照样随便想去哪儿唱，就到哪儿去，就连给那英在红馆当嘉宾，都会有一排小姑娘捧场，手里拿着小灯笼，拼成"安迪，我们爱你"。华仔唱完一走，他们也立刻一溜烟儿收起小灯笼离去。千万别把娱乐当艺术看待。

如果综合素质考题敢占50%的话，那全国电视歌手大奖赛，不成了北大文科十佳歌手、上海戏剧学院院长办公室员工和中国作协老干部文艺骨干的卡拉OK联欢会了么？再考点儿物理工民建什么的，连清华的退休人员都敢拿着话筒不撒手。

其实，一般而言，一个大学学科的知识体系跟需要该专业毕业生的某种职业所注重的能力还是比较相关的，尽管在国内的大学里，很多学校的课程体系可能陈旧过时。也就是说，通常情况下，专业知识和需要能力的匹配性还是很强的，一个专业职业化程度越高，越是这样，比如医学、工程、法律等专业。商学院还不够职业，可能需要另说。

当然也有极端的例子，确实造就极端的偏差。

比如，据报载，20世纪80年代某年的全国女子武术冠军（记不清是否是全能冠军）曾被手无寸铁的人强奸。这让人怀疑这功到底是怎么练的,有什么用,比赛时候分是怎么打的,抑或还有什么其他难言的隐情和苦衷。

比如,某些学校课程过于陈旧而不自知。据说北京某名牌大学三年前还在给文科生开微机原理,讲 DOS 到底是怎么回事儿。因为教计算机的老师只在 80 年代学过 DOS。视窗应用都不灵,别说解读了。可能"据说"得有点儿太离奇了。

比如,当年在耶鲁大学读书的弗雷德·史密斯,在一门经济学课程中,曾在他的结课论文里提出他后来创办的联邦快递公司所采用的运作模式,老师认为他是胡说八道,结果该门课只得了个 C。现在该公司每年收入 200 多亿美元。当然,我们也清醒地知道,美国叫福雷德·史密斯的人跟中国叫李爱国的人可能一样多,但是得了那个 C 后,又能掌管 200 亿美元的企业的福雷德·史密斯,可能就这一个。

我还要问最后一个问题,那就是,除了分数以外,有什么更客观、更系统、更经济、更方便或更公正的指标可以用来衡量一个学生的学习成效吗?

如果没有的话,还是请大家尊重分数。

顺便说一句,不管有多大价值,会考试本身也是一种能力。

(2005 年 11 月 20 日于美国伊利诺伊州春田市)

说不清什么叫断想，哪些是花絮

京剧有四大须生，四大名旦。谁编配个13大花脸，大概不容易流行下去。豫剧坤角儿曾经有18兰，现在没几个人能记得起。某些书上说当年皇帝老爷有三宫六院七十二妃，是否都见过面恐怕连他自己都说不明白，讲不流利。《水浒》有一百单八将。只有铁杆儿爱好者才能倒背如流，认真记忆。单说黄叶村主人列出十二个钗MM，就得一个连的职业红学家们去解读几辈子，业余走《红》的刘老师想独捧小秦是肯定不被允许的。

现在网上到处流传着各种手册、指南、警告、秘密，通常还都得是十大，不知道是何道理。比如，迅速认清色狼的十大高招、判断女子是否痴情的十大绝技、XX和YY的十大相同之处、GG见MM的十大搭讪用语。个个都很精彩，读过马上忘记。就跟David Letterman每天晚上脱口秀的逗乐一样。说实在的，人的脑子不是计算机、搜狼器，不可能见了个人就能将十大指标迅速提取，检索，对比，然后说，哇，果真发现一个色狼呢！指标越多，越没力。

闲来看戏读小说上网，还无所谓。每天忙着的老板们，没工夫斗闷子，猜谜语。下属打报告最好一页纸之内，还得全是"子弹点儿"，每段如果超过三行马上扔出去。说得少了，太简单，显得浅薄，容易被枪毙；说得多了，太复杂，啰嗦不说，还会被怀疑有猫腻。聪明的下属，必须学会恰如其分地摆出三五样子弹点儿，把自己喜欢的东西和老板喜欢的东西搭配好,搓糅在一起呈上去,老板稍不留神,你就偷摸过去。搞咨询的人也不傻,什么 3A、4P、5H,成功人士的 7 种脾气。好记。

*　　*　　*

薄熙来是个人物。

这不仅是说他有国家级领导人应有的个人魅力,而更是说他对中国基层的问题有很深的理解和亲身的经历,并且对今天受过良好教育的年轻人颇为欣赏和鼓励。

2005 年春,在北大中国经济研究中心的毕业典礼上,薄熙来作为首席嘉宾应邀发表演讲。薄部长公务确实繁忙,比预定的时间晚到了不是一时半会儿。而此前,大家一直是兴致勃勃地等着薄部长的到来。

为了救场,我们北大国际 MBA 美方院长杨壮教授不得不受命在他代表全体教师给毕业生的寄语发言中狂加内容,争取时间,把早已讲得滚瓜烂熟的领导力理论在毕业典礼上给学生们尽可能慷慨激昂地又嘱咐一遍,直到有人悄声通报说薄部长的车已经进入北大,到了我们北大国际 MBA 前三届 EMBA 同学共同捐资改建的网球场了,这时,杨教授才逐步收敛激昂,略显从容地结束对西点军校领导力如何如何的大肆吹捧和夸奖。

薄部长闪亮登场。

极富感染力,是薄部长的特色。这是我说,我好赖算是个学者,稍有分寸。要让记者们说,那就得用报道演艺界的星星时惯用的伎俩了。薄部长说的当然都是国家级领导人应该说的东西。不过,听他说,更像朋友聊天儿、谈心、拉家常,几十分钟下来,就跟你三叔绘声绘色地给你讲当年如何闯关东,发现哪三宝一样,叫你一定要珍惜青春,等等。后来,出关进京,出国返京,跟美国人谈判,会见卡斯特罗什么的。

薄部长的话语,有那么一条,触动了笔者的神经。

那就是这些北大学子们,现在的大学生们,如何幸运,能够有机会受教育,能够有更大的舞台可以供他们施展。他说,自己曾在辽宁当地方官,在一些县里跑的时候,在基层学到的东西真是太多,看到的各种能人也实在是太多。这些基层的能人,富于智慧,勇于创造,精于实干。但是,终究困于一隅,囿于眼界,没有机会受教育,这些人再有能耐,再有本事,一辈子也顶多只能是个村长。

村长,村长,村长……经久不息地在脑海里回荡。

所以,同学们,要珍惜呀。

雷鸣般的掌声响彻在北大百年大讲堂……

* * *

虽然自己一不留神也混进了教授队伍,说良心话,但我总觉得中小学的老师是更加真正关心学生成长和前途的,至少他们比较有耐心,也不用像教授们那样,迫于研究压力,一天到晚有事儿没事儿都做沉思状。

虽然大学生很聪明,我总觉得中小学生们才真正可教,少年是认真学习的大好时机。给硕士生们讲的东西,很多应该在大学里就已经涉及。给大学生讲的某些方法,可能在中学阶段讲,对开启心智会更加有益。

也许教授们应该去从娃娃教起。

毛主席说,教育要改革,学制要缩短,可能真是很有道理。可是,孩子们都聪明了,准备好了,上哪儿去？迫于就业压力,也得被圈在学校里。以后,也许 MBA 毕业才有资格当售货员,从小学到中学可以享受 15 年义务教育。大学毕业二十六七。反正我们也不缺劳动力,大家会有足够的钱和时间受教育,何况我们的 GDP 很快就是世界第一。

上学是好事儿,上就比不上强。学知识更是好事儿,知识就是力量。要是指望上了学就必定能学到什么,恐怕就把学校的功效吹得过高了,尤其是大学。在学校里学习,主要靠的是自己的悟性和努力。

一般来说,会学的不用教,不会学的教也学不会。只有那一部分人,"鱼"的中段儿,没人教,学不会,有人教,就能会,他们才真正需要正规教育。即使这些中段儿们,也得认真摸索,仔细体会,方可如鱼得水。

说得通俗一点,学校跟集贸市场差不多。教授在那里租办公室,学生在里面租宿舍,图书馆可以酝酿感情,自习室永远空缺从而给你提供占座的诱惑,体育场让你有空去扔几下篮球,耗费掉你过剩的精力,省得没事儿找事儿,小商贩们都有后台,搞行政后勤的谁都得敬着,校长们日理万机,筹款开会,摆平人事关系,不亦乐乎,没空歇着。

就看你自己怎样选择。学生社团、读书上课、兼职打工、各类讲座,看你识货不识货,有没有眼色,会不会自己找乐。大家都很忙。你得学会自己心疼自己和照顾自己。好吗？

你在宿舍、教室、图书馆儿和食堂之间晃荡四年，攒够学费发票，盖个章，领个证，就可以又回家跟父母住在一起了。

* * *

笔者在得克萨斯上学的时候，曾在某位教授的办公室里，看到一位学生对教授说，我一直都是得 A 的学生，从来都不是得 B 的。教授微笑着朝着那位学生从容不迫地说，小姐，很显然，从这门课开始，你已经是得 B 的了。搞得那个学生没有一点儿脾气，一甩头，悻悻而去。

我的经历正相反，至极之软弱。在拿到博士学位毕业刚工作的那一年，有一次，一个中东某国的阔少，问我为什么他的成绩不是 A^- 而是 B^+。我说分数线正好卡在那里。他说，可以把线稍微移一移。我说，那不可以，对别人不公正，也不合规矩。他说，规矩是人定的，什么都是可以改变的，关键是要能够说出道理。他父亲是个律师，这就是他的思路。我问他的道理，他还真的是有理有据。从过程到内容，给我陈述，让我对他不可小觑。

这小子 20 岁出头，我是 20 年末，当时的对话就好像两个同龄的朋友坐在酒吧里，说什么都显得有些道理。何况我也不可能保证我给的 B^+ 就一定比 A^- 差到哪儿去，本来有 10% 就是印象分。他给我上了一课，让我至今印象深刻，让我知道了动物园里还有律师这种动物，思路新奇。于是，就为这一点，我给他改了成绩。现在想起来觉得很是腐败，虽然我连他一口水也没喝。实际上，大家都知道，教授要想找学生的岔儿，比刘欢唱"天上的星星参北斗哇"还要轻松自如得多。给你个 B^+ 就不错了。

那小子还真是有说服力。就算高能衬高分吧。

我们通常固执地以为只有读书好或者在某方面业务好才算本事,其他方面的能力,比如与人打交道的能力(或者现在叫做情商的能力)、获取和应用社会资本的能力,要不就被认为是雕虫小技,要不就是不正之风,似乎应该不屑一顾,嗤之以鼻。

所以,我们经常会听到有人这么说,某某人一点本事都没有,就凭一张嘴/就凭能拉来项目/就凭认识几个给钱的人/就凭能给大家搞点儿抢手货等,就得到领导信任。持这种说法的人,通常既是自己当不了领导,也肯定不会受领导信任和重视。你不能帮助领导办事,解决领导的难题,领导凭什么认为你有能力,信任你?就因为你会干一些对组织核心活动无关痛痒的事儿?自命清高?爱发牢骚?

诸葛亮够清高的吧,还装模作样让人三顾茅庐。他如果没有故意把自己的能力和名声放风出去,谁会知道他才高八斗?刘备怎么会知道他的才能并来挖他?他也根本不可能潇洒地"遂许先帝以驱驰"。诸葛亮并不是埋头种瓜种地的高手,他的经邦济世的学识和能力对于"躬耕于南阳"来说,一点儿用处都没有。这点他比谁都清楚。

当闲人,他恐怕不可能比日后的五柳先生有名。

就我见过的学生而言,将来搞管理是不是块儿材料、能力如何、有多大本事,看一下他们待人接物的风格也能浅窥端倪。

举个简单的例子,在美国教书,经常会有学生在我的课已经满员后还想加进去。有的学生进门就说,"我不知道非要上你这门课才能毕业,所以原来没注册",或者是"我下学期别的课都排满了,必须这学期上这门课","我早上要去健身房,已经交过钱了,不能改时间,只有你这个时间才能来上课,另外一个教授也在这个时间上课,但她不能再加人了,我必须上你的课"。

接下来就是"教务处的人说了,只要教授同意,就能加进去,你在这个表上签个字吧"。好么,我这儿成黄宏和宋丹丹们超生游击队的收容所了。

另外一部分学生进来,完全不一样。

大老远就要握手,您是马教授吧,我是汤姆·爱恩斯,小名铁蛋儿,您最近还好吧,您看今天的天气真棒,不是么？事情是这样的,我呢,已经在别的老师那里注册了战略管理这门课,但是,我最近在同学中作了一个小调查,发现您的口碑没得说……

这时候,势利眼的我就得让他进来坐下。

请进。谢谢。请坐。谢谢,不用了。真是很感谢。

另外,我这也是刚刚才从我最好的一个朋友那儿听说,去年已经毕业的他的兄弟会的一个师兄,顺便说一句,那位师兄毕业时的 GPA 是 3.9,现在是华尔街某大公司的助理分析师,我们学校董事会的唯一校友身份的董事,毕业一年就当校友董事了,简直太优秀了。对了,我是说,就是他告诉我这位最好的朋友必须跟您上这门课,他说,毫不夸张地说,这是整个四年里他收获最大的一门课。您看,我一听,这不马上来请求您允许我换到您的课上来了么？

其实,我心里也明知道这位伙计不一定就真的注册了别人的这门课,他只不过想显得更有说服力。总之,听了之后让人不反感。谁不愿意听点儿好听的？教授也是人！谁告诉我,自打从幼儿园开始说起,哪儿的老师跟有礼貌的聪明孩子有仇？

还别说,根据我的经验,这种聪明学生进来以后,一般都比较认真学习,积极发言。倒是头一种学生,要么注册后经常不来,要么就是一言不发、神情呆滞,就为了凑够他们的学分。

* * *

到北大以后,也碰上不少稀罕事儿。

有人随便发个电子邮件,就希望你在当天之内马上回信把有关考博士生的事儿全给他掰扯清楚。我还没腐败到非要到谭家菜饭桌上谈论博士生入学的地步。到北大康博思吃饺子总行吧?顺便说一句,北大之内的,必须从校园里面进门的,任何饭馆儿咱都敢进,肯定是我买单(这当然就不包括太平洋大厦内的那个新派饭馆和资源宾馆下面的鱼翅宴了)。

有的老兄更是胜似闲庭信步:听说现在国内读博士也不是很难,毕业也比较容易,虽然我过去成绩一般,英文也丢了好几年了,将来也不一定就一辈子非要研究管理,但我还是想考考试一试,挑战一下自己。我想听听您的意见。您说呢,马教授?

你想让我怎么说?

再顺便说一下,在下根本不是博导。不信你上网查。

不过没关系,作为北大教学改革的试点,跟国外很多大学一样,中国经济研究中心所有教员都可以指导博士论文,包括新来的助理教授。这也就是说,谁都是博导。但是,博士生头两年不分方向,不分导师,也就是说,谁也不导。

* * *

"不要因为我长得漂亮就恨我。"

这是20世纪末《华尔街日报》的一个标题。文章说的是比尔·盖茨和微软公司。公司做大了、弄好了就有人嫉妒,就好像人生得漂亮或者越长越漂亮也会招人嫉妒一样。

漂亮人遭嫉妒不是没有原因的。

据美国得克萨斯大学和明尼苏达大学两位教授的实证研究,人的长相好坏和受雇佣的机会、提拔的机会以及工资成正比。通俗一点说,就是长得漂亮的人比难看的人更容易被雇佣、被提升和挣得多。

美国ABC电视台也做过一期节目,他们做了几个比较实验,得出同样的基本结论。其中一个实验就是,让着装时髦的美女站在街头,假装自己汽车的轮胎瘪了,显示出很焦急无助的样子。这时候开车路过的男士们主动停下来要帮助换轮胎的几乎一会儿一个。同样的故事、同样的地点和场景,换一个身材和脸面都不能用美来形容的女士,不能说绝对没有男士停下来,频率和主动性就差多了。

另一个实验是针对男士的。两个人一前一后,到华尔街某投资咨询公司应聘。前者长相极其一般但资质优良,恰好与所聘岗位的要求描述相符合。后者长相英俊但资质偏差,专业背景与业务需求也不完全匹配。前者的结果是:"你等着我们的信儿,不要给我们打电话。"后者的结果是:"你的专业不错,也有我们需要的气质,我们还有一个同一部门但工资等级更高一级的位置空缺可以给你,希望你认真考虑。"

人生来平等,那是谣传。有些人生下来就漂亮,招人待见。这平等么?长得好的人,走哪儿,都有人喜欢。就业平等,那是空谈。人从一生下来就有无尽的差别。说什么公平竞争,那是扯淡。考试入学,就是对不聪明人的歧视;竞争上岗,就是对能力低的人的偏见。机会均等?你能在那么多的竞争对手中被生到这个世界上就已经撞大运了。

电影学院、戏剧学院,当然要看考生的演技和发展潜力,但将来拍电影演话剧,根本用不着那么多丑角坏蛋。说你长得比较有特色,那是说你不配端这碗饭。小胖墩儿想去跳芭蕾,即使观众想开开眼,您得能找个伴儿愿意举你呀。西点军校,美国顶尖商学院,许多坚持要面试,您以为人家光看看你的口才就行了?面试也是非正式相面,您得精神抖擞,端正气派,要不将来怎么让你当CEO,做军中指挥官?连少林寺选方丈也得看长相,查五官,当然也少不了得说说禅。

你说我GMAT考720!只要是650以上都可以录取,看综合表现,只要别人GMAT 660而且相貌堂堂,举止言谈更像未来CEO,而你戴个800度近视镜,隔5秒钟就不自觉地用手扶一下右眼镜腿儿,你就很危险。面试官会很客气地说,我们今年名额比较有限,您最好作好多种准备,要不我推荐您到我们的博士项目看看?当然,有反歧视法和平等就业机会法在那儿摆着,谁也不能明目张胆地做得很过分,让旁观者都看不过眼。

来吧伙计,至少读博士,大家不太在乎你是否好看。

当然,也有例外。据说,当年,××院×××美学博导招女研究生就得年轻漂亮,比如《手机》里的费老。难怪,美学么,哪能弄一帮学生让导师每天看着不美气呢?

说来说去,漂亮本身就是资本,谁爱嫉妒谁嫉妒,不耽误漂亮人风光无限。有资本不利用,那是跟自己过不去,自甘认傻蛋。

话又说回到微软。人家不偷不抢,自我修炼,出落得漂亮了,就得遭人嫌?什么叫不公平竞争?人家漂亮就不能用高档独家定制化妆品,就非得用煤灰擦脸?

当然,作为战略管理学教授,在下没办法不喜欢漂亮的微软;作为用户,谁都知道微软再漂亮也只是午餐肉,更漂亮的应该是苹果公司,极品葡萄酒。

美国人经常用一句老生常谈的问题搞笑:换个电灯泡需要多少××?

比如:

换个电灯泡需要多少医生?答案:那得看这个电灯泡有没有买医疗保险。

换个电灯泡需要多少管理咨询师?答案:咨询师下星期一会给你一个大概的估计和预算。

换个电灯泡需要多少经济学家?答案:俩。一个可以假设有一个梯子,另一个上去换。

换个电灯泡需要多少苹果公司雇员?答案是,根本不用换。乔布斯只要用手把电灯泡轻轻举起来,全世界都围着转。

换个电灯泡需要多少微软公司雇员?答案是,更不用换。比尔·盖茨只需慢条斯理地宣布从此以后全世界的"行业标准"是黑暗。

(2005 年 11 月 20 日于美国伊利诺伊州春田市)

在 梦 里

连着三个多星期玩命儿地写,到这般时候,即使盖茨没有宣布全世界的"行业标准"是黑暗,在下也已经把黑天白夜搞颠倒了,只见灯泡,不见太阳光线。

通常是在半夜,抑或叫做凌晨,三点的寒风中,着一袭亮黄色羽绒服,有意识、貌似形影矫健地行走在伊利诺伊州中部小城玉米地早已收割后那一望无际的莽莽平原。

走进空荡荡但亮如白昼的大楼,乘电梯到四层,打开寂静的办公室。没有功夫茶具,就干脆沏上一大杯据说当年老佛爷很喜欢喝的兰贵人,在桌前坐下,先到经常光顾的几个网站上去游逛一阵子再说。

这一切,仿佛在梦里一般。

想听邓丽君的《在梦里》。在 iTune 里搜来搜去,找不到,忽然意识到那首歌的名字叫《甜蜜蜜》。打开一听,果然甜蜜蜜,就像花儿开在春风里,啊,在梦里……

在梦里。

在梦里

学管理学、教管理学这么多年,有时会突然问自己,一辈子就干这了?

然后又问,你还想干什么?你能干什么?你有机会干什么?你看,说着,想着,就开始不自觉地作 SWOT 分析了,有病!当你患上某种职业病的时候,可能就算是找到合适的职业归宿了。

但又往往不甘心。正像波士顿地区的一位学者说的,"我每天早上起来刷牙的时候都要自我辩论,到底今天是去改变世界,还是享受生活"。我看,基本上是该咋着咋着。总之,除了当这个教授,没有其他更可靠的饭辙。理想?当然很多。得掖着藏着。都这个岁数了,还扮嫩?嗯哪。

你真正爱管理学么?有时候,自己也会这样问。说爱太沉重。自己也说不清楚管理是个什么东西,反正上课、写东西没闲着。学管理,可能是命运,也可能是偶然巧合。

免费赠送·Free Bonus·免费赠送·Free Bonus·免费赠送·Free Bonus·免费赠送·Free Bonus

由于高中阶段的不务正业,看戏和打排球是两大主要兴奋点,高考成绩出来,上北工虽然还不至于趾高气扬,上北大肯定是腼腆羞涩。我们那时候,是先见分,后报志愿。主要是学校来争你,而不是你给招生的进贡。当时的我,没有对文理工任何专业有特殊的兴趣。那时候热门的什么电算、生化等跟我没一点儿关系,虽然我也恬不知耻地混迹于理科班里。

看了那么多学校的介绍,就只对北大图书馆系有点儿意思。之所以有兴趣,是因为当时去省市图书馆借点儿书什么的,每次都很憋气。那帮走后门进去的所谓图书管理员,通常是既不读书,又不管理,只会冲你瞪眼,叫你安静,别老麻烦她们找书去。所以,为了改革图书馆,我也得上这个系。

当时,小孩子的思维就这么简单。有一次,我溜进省体育馆看国家男排来集训,被人撵出来后,曾经发誓以后要回去当那儿的头,想怎么看,就怎么看,搬个沙发坐下看。那时候穿的鞋,都是我妈做的布鞋,也曾想,这辈子就根本不穿皮鞋。当然,后来,我虽然穿了皮鞋,但没有去省体育馆当头。很显然,我也没上北大。

我没报图书馆系。他们在全省只招一个,还是文理兼收。我的判断告诉我,报了也是白搭工夫,自讨没趣儿。从那时候起,我认识到:你牛,人家找你;人家牛,你找人家。中国人说,店大欺客,客大欺店。美国人迈克尔·波特讲砍价能力,说的一回事。北大没来找我,找了我们中学里的一个尖子去学物理。那位老兄现在于华尔街发财。到家找我的学校以军校居多。见了面就更热情了,你这身板儿,穿上军装肯定神气。我心想,我是上大学,不是想神气。要不就真差点儿到我国华北某地军械学院或者南方某地军医大学了。

这时候,北工的一位高大儒雅的年轻教师,为了暑假回郑州老家能报销费用,就顺便给招生办跑腿儿,找到我家。说管理系好,新专业,第四年招生,很多北工教授子女都在这个系,将来有前途。你又是学生会主席,将来当干部,正合适。因为那时候,我确实想着哪天能当总理,至少当个省体育馆头头什么的,于是就顺便就坡下驴,准备上北工学管理。

到了学校才发现,我那位老乡,说得那么好,原来他不是北工出身,要不我也不能用"儒雅"二字形容他。人家是隔壁北外毕业的。上学的时候,到食堂吃饭,跟我们北工的学生看到的背景内容都大不一样,花花绿绿,出来就是外交部、领事馆。他被分到我们基础部教英文,估计是学习成绩不太好,或者跟更儒雅的同学比不够儒雅。

就这么样,我被一个在北外成绩不太好但在北工显得非常儒雅的老乡招到了北工十系。到那儿一看,还真不假,班上的同学,在中学里不是班长就是学生会主席。

免费赠送 · Free Bonus · 免费赠送 · Free Bonus · 免费赠送 · Free Bonus · 免费赠送 · Free Bonus

在北工四年,确实学到不少东西,但基本都跟管理学无关。那时,中国的管理教育基本上是两条线。一类是财经类的,像人大、中央财政金融学院、对外经贸大等。另一类是工科类的,比如哈工大、两个交大、浙大等。我们系也是比较早的管理工程系,1980年开始招生。但课程基本上跟机械制造专业的相差无几,只是到最后一年,才蜻蜓点水地胡乱讲一些生产管理、会计、统计,还有半个学期的市场营销,然后就到校工厂、坦克厂、装甲车厂实习。我做论文的时候还到民政局下属的北京大宝公司去看人家制造大宝增白粉蜜。

我非常感谢北工的图书馆,有百十部英文原版管理学教材,使我能够真正系统地研读管理。应该说,有这么一点,我就知足了。还有一个亮点,就是我们系的党总支书记在开学时给我们作的报告,技术和管理是现代社会发展的两大车轮。这句话,深深地印在了我的脑海里,眼界大开。可惜他后来调到太原某个兄弟院校当院长了,再后来据说进了山西省常委。高人。我想,如果他还在北工,十系的学风和政风可能会更好。

当时的笔者,既激进,又小资。读《新华文摘》等报刊关心改革大事,也体会《文汇》月刊等杂志上程乃姗小说那样的细腻。就是没工夫学《理论力学》和《电工学》什么的。前者刚好及格,后者听别人说是提了两分才算过去。谢谢庄老师,让我的成绩单上没有被挂过的痕迹。

说实在话,北工各个系教我们基础课的老师基本上可以说都是高人。只可惜我不是被我们老乡拉来学这些东西的。基础化学、普通物理、公差测量、电工原理、立体几何、机械制造。老师们人人有货,个个精彩。

还有教我们材料力学的老师,清华的博士,用英文讲课,32岁时成为全国最年轻的教授,很受大家追捧。后来,在美国我教书的那个城市再见到她,她在布朗大学,还教力学。某次到她家去吃BBQ,才知道她是我们郑州老乡,这么多年伪装得让大家觉得她是北京某大院儿的高干子女。

教我们政治的一位年轻女老师,是我北工四年见到的唯一的允许并鼓励学生上课发言的老师。很棒。而我们系劳动经济学的老师,因为我老不去上课听她读课本,就把我的成绩从优改成了良。我也没脾气。

党史的老师也很有水平,还让我们在化学系的6号楼或是主楼(总之离东门很近的一个楼)看录像。国共争斗。解说员那义正词严的声音至今仍然清晰地印在脑海里,很像齐越,抑或夏青:"蒋介石狂妄地叫嚣,要在6个月内消灭共产党。国民党参谋总长陈诚则更加狂妄地说,要不了6个月,顶多3个月就够了……""敌人的如意算盘是注定要落空的!""谁敢横刀立马,唯我彭大将军!"百万雄师过大江。攻占总统府。毛主席走上天安门。"中华人民共和国中央人民政府今天成立了!"激动,鼓掌。

看完录像,我们就到学校对面农科院边上的天天饭馆吃包子去了。20世纪80年代的大学生,在吃上面,也就是包子的水平,所以我们对包子铺至今仍有好感。比如,当年西单老长安大戏院边儿上的庆丰包子铺,名满京城。海龟们90年代回国,经常要去找过去向往的包子铺。

免费赠送·Free Bonus·免费赠送·Free Bonus·免费赠送·Free Bonus·免费赠送·Free Bonus

当年的白石桥路,现在叫中关村南大街。原来道路两侧绿树成荫,现在左看右看,尽是一派荧光闪烁的荒凉。从我们学校东门口的农科院站乘332或320往北一站地,就是文科门类齐全的中国人民大学。我的大学生涯后两年,基本上是在人大听讲座中度过的。几乎每两三天就骑车到人大转悠一下。我在人大没同学,谁也不认识。所以对人大校园内的各类布告栏,我很关注,生怕错过好的讲座。包括家属区的布告栏,我也不放过,什么时候集体换煤气罐儿、组织卖大米,都很熟悉。

在人大的布告栏里,我第一次亲身感受到所谓的"中关村57岁现象",中年知识分子,上有老,下有小,还要教学、科研、争职称、奔房子、冬储大白菜,身心交瘁,过分透支,比一般人平均少活10年。根本没机会制造什么"59岁现象",想腐败一把都没有任何可能性。

所以,现如今,在白天,虽然我必须流窜在北大中关村一带,到晚上,我破上开一个小时的车也得回到农民兄弟中间去,踏踏实实地睡在村儿里。因为我想多为祖国干些年月,作点儿大贡献。

我清楚地记得,有一次的布告悼念的是哲学系著名的李秀林教授,55岁英年早逝。他曾有一个没有来得及指导的很棒的博士生,当年有名的才子。这位才子,也是使我第一次听到人本主义哲学的人,他研究马克思主义哲学和孔善论的关系,很有一些观点。后来,他到美国后还能发出"得到了蓝天,失去了大地"之类的高见。再后来,他就成了一个心平气和的幸福基督教徒了。我也没有再听到他的声音。

免费赠送·Free Bonus·免费赠送·Free Bonus·免费赠送·Free Bonus·免费赠送·Free Bonus

在人大,我旁听过两次博士论文答辩。第一次是哲学系的在职博士生李德顺副教授。他的论文是《价值论》。价值是主体和客体之间的一种关系属性,是主体对客体能够满足主体需要的特性和程度的一种判断。大概是这么个意思。讲得生动有趣味,极有章法。不像是答辩,更像是讲座,很精致圆满。

另外一次,名字记不起来了,当然就是记得住,也不能告诉您了,反正是某位资深政治经济学教授的学生。讲得连我这个本科生都觉得比较糟糕。然后教学秘书宣读评语。包括蒋学模教授在内的14位知名教授从全国各地寄回了校外专家评审意见。最好的评语只能说是比较客气,一般的马马虎虎,有相当几位先生很是不留情面,从选题论证,到文献把握,再到分析结论,全盘推翻。有一位先生更是直白,说那位博士生的文字功底离一个博士生应该达到的基本水准相距甚远。答辩后期基本上成了批判会。可见,那时的博士教育还是很严格的。后来,他们关门讨论,我也就不知道那位博士生的下场如何。

最有意思的是当年哲学系某位博士生,如果我没记错的话,是翻译罗尔斯《正义论》中的一位,某次搞讲座要讲他对伦理学的最新思考。在黑板上画了一个左下右上的线性图,说要将人们从理性的沙漠引向感情的绿洲。自己也没解释清楚,哪儿是沙漠,哪儿是绿州。讲了一会儿,突然说,昨天熬夜,没休息好,思路比较乱,就停下来不讲了。大概那天去的都是学生,这位老兄就说,我这是为21世纪的人准备的,给你们再多说下去,你们恐怕也不懂。就走了。

当然,上大学的时候,偶尔也到北大流窜一下,除了去听厉先生讲"改革前28点"、"后28点"和文化建设以外,学术上没什么大感觉。倒是北大学生的待遇让我羡慕。当年中央乐团交响乐队每星期在海淀剧场有星期音乐会,票价八毛、一块、一块二。而北大的学生在校园里凭学生证就能四毛、五毛、六毛。

不是北大人的我,觉得很是受歧视,我必须花8毛才能去看李德伦、韩中杰和秋里他们经常喜欢演的老贝、老柴、老莫,偶尔也有德沃夏克。

有一次,大热天,李大爷上来一身白西装,一曲《费加罗的婚姻》后,再上来就是衬衣领带了。下半场《柴四》连领带也省了,就一短袖衫。按惯例,李大爷经常是一高兴就加演,比如《假面舞会》,记不清是谁的作品,反正不是威尔第的歌剧。要是演莫扎特的曲子,一般每个乐章都不长,他就会对使劲儿鼓掌的观众说,要不我们把尾巴再来一遍得了,包括有一次《贝五》就是这样。不过那天确实太热,当时又没有空调。所以,《柴四》后大家怂恿半天,浑身透湿的李大爷只顾脸上擦汗了,下了台就再也不回来了。要是把尾巴再来一遍的话,估计李大爷一上场就得裤衩儿、背心了。

还有一次,李大爷指挥亨德尔的《弥赛亚》。当合唱团唱到"哈里路亚"的时候,前排几个老外唰地站了起来,一起跟着唱。大家看着好生奇怪。后来,才知道当年英王首次听到这一乐节所唱的赞美王中王、帝中帝的时候,出于对上天的敬畏,禁不住起身而立。于是,后来的演出习俗是,观众们都全体起立,跟着一起唱,就像我们《歌唱祖国》或者"一条大河波浪宽"一样,情绪激昂振奋。

真是想念李大爷。

令人欣慰的是,去年在北京,赶上了北交为李大爷举行的逝世三周年专场纪念音乐会。中国诸位指挥届前辈,几乎悉数到场。85岁高龄的韩中杰大师,执棒奏响当年李大爷喜爱的李斯特的《前奏曲》。宝刀不老。我至今还保留着当年现场录的韩老演绎的《林茨》。节奏得当,紧张饱满,刚柔相济,神情愉悦。第一乐章中有一声非常清晰响亮的中国小孩儿的哭声,是莫扎特始料不及的。

免费赠送 · Free Bonus · 免费赠送 · Free Bonus · 免费赠送 · Free Bonus · 免费赠送 · Free Bonus

北大和北工,这音乐会票四毛的差价就是北工四食堂的一份儿实际上应该叫"酱淹土豆"的所谓"宫爆肉丁"。说到宫爆肉丁,至今记忆里最地道的宫爆肉丁来自一个叫"大雅餐厅"的小店。就在如今的中关村大街上从海淀剧院由南向北走,走过原来的黄庄包子铺,再走过从黄庄通向老海淀区委和海淀街里的那条斜街,往北大概再走10米,路西侧。斜对面儿是清华池澡堂和文君酒家。如果沿路西侧再往北走一阵子,就是兰波洗衣店、朝鲜冷面馆和惠普公司了,离北大南门大街上那个面南背北的长征饭馆也不远了。

后来大雅就被卖 AST 计算机或者是什么打字机的人给占了。

中关村满世界都成了卖打字机的了。那时候最火的是四通。打字机进村儿,世界上最好的宫爆肉丁也就完蛋了。很令人可惜了一阵子。那时,听说宝钢引进的昂贵设备还只能用从澳大利亚进口的高价矿石,于是心中愤愤然,不禁要算算,这得给国家浪费多少一块五一盘儿的大雅宫爆肉丁啊。

免费赠送·Free Bonus·免费赠送·Free Bonus·免费赠送·Free Bonus·免费赠送·Free Bonus

北大和北工的区别还远远不在于四毛钱的票价。

1984年,建国35年大庆。国庆阅兵,据说耗资四个亿。其中,光在我一个人身上就得花百十块。我们是国庆阅兵体育方阵的前导队。那年夏天,我奥运健儿曾揣着若干枚很是令国人振奋的金牌凯旋。阅兵时,我们就给他们当托儿。每人发了一套训练服和正式阅兵时的服装。走方队,训练了好一阵子。还到通县张家湾机场跟别的方队会师过。记得当年有一次在北工西操场训练,指挥训练的体育老师拿着大喇叭喊:"三连,三连,你们后面,男生,女生,之间,是,怎么回事儿啊?"只记得当时大家爆笑,现在也想不起来怎么回事儿了。

校团委书记也不失时机地鼓动:我们学校有着光荣的革命传统。我们的前身是延安自然科学院,为革命事业培养过成千上万的人才。1949年建国阅兵,我们学校的队伍走过天安门,观礼台上很多中央首长曾经激动地喊"北工万岁!"我们这次阅兵,一定要让中央首长为我们鼓掌!大家有信心吗?有!三连和其他连的男生们和总共没几个人的三连女生们集体高喊。

国庆那天,我们只顾昂首阔步往前迈,根本不敢东张西望四下看,光听大喇叭响,也没听见观礼台的动静。走完队,好像就被拉回学校到四食堂吃饺子了。

北大的天之骄子们就大不一样了。想穿什么穿什么,往好看里整,往个性里整,往北大里整,怎么体现社会主义好,怎么来。几个哥们儿一策划,横幅一打,"小平您好!",定格一个时代。晚上,北大人还可以穿着好看的衣服在天安门广场翩翩起舞,花好月圆不夜天,国富民强多福地。

而我们唯一的一次在天安门一带长期滞留,是正式阅兵前的一次预演,大半夜在台基厂一带集结,然后过天安门就在新华门附近等着全体队伍都通过验收才能回去。当时,瓶装水的营销伎俩还没出台,可能是有送水车,记不清了,反正是长安街南侧人行道上很多简易厕所。等的时间可是不短。大家躺在长安街上,干什么的都有。反正是没有在广场上跳舞滋润。唯一的腐败就是跟三连我们82级的几个哥们儿轮流猜枚划拳,没有酒,还不能声太大。

免费赠送·Free Bonus·免费赠送·Free Bonus·免费赠送·Free Bonus·免费赠送·Free Bonus

20世纪80年代,是一个火红的年代。我们的生活充满阳光。难忘今宵。在希望的田野上。打起手鼓唱起歌。年轻的朋友来相会。相会完,总是要走的。毕业,那时是国家分配。毕业后的去向,对于一个关注改革的热血青年来说,当时,有几条路。

最热门的是一些既官方又学术的地方,比如社科院、体改委、农研所、发展中心等,直接参与改革的理论探讨和政策制定。去这些地方,先到人大或社科院搞个什么学位比较好。

另外一波儿当时人们想去的地方是中信、华润、五矿,还有建国门、大北窑一带的外企。去那些地方，最好先到经贸大拿个文凭，还得知道并能听懂"We brothers, who and who?"是什么意思。很可能还要到雅宝路东面的那个叫做外国企业人员就业服务公司之类的楼里，去漫无边际地填很多表格，看某些大嫂的脸色。

第三条路，就是北大经济系。当时尚无明显官方色彩，主要是学术方面的功力。陈岱孙等老先生仍然在系里，更不用说厉先生的影响。

我跟钱没有仇，所以也想过是否去做实务，但痛恨每天八点上班，对公司里的游戏也没有任何兴趣。人大毕业生很风光，但人大的东西喜欢听的、该听的我基本上都听了，再去练三年，也没有太大意义。只剩下学术这条路了，而我渴望的真正的管理学根本没什么研究生项目，要么是系统工程和管理科学，要么是国民经济管理。由于对前者没兴趣，所以无奈决定投靠后者去。

于是放下管理，抓紧弄经济学，科尔奈的预算软约束理论当时正是声名鹊起，奥斯卡·兰格也很受抬举，布坎南的寻租理论、阿瑟·奥肯的均等与效率，连东欧的什么奥塔·锡克也得让我费点儿力气。宏观、微观考得还相当不错，数学52分，纵是北大昏了头想要我，档案也调不去，又何况这52分算是什么狗屁？真是给全世界工学院的人丢脸。

现在，大家可以明白为什么在下一而再、再而三地抨击经济学了吧？原来是当年没考进经济系！

其实，不是这个道理。我很感谢北人，让我认识了我自己。我根本不是学经济学的材料，而且并不是真正地对经济学感兴趣，不过以学术的名义掩盖了对某种光环的艳羡而已。

这不禁让我想到前面曾经提过的领导学大家沃伦·本尼思教授。他当年在麻省理工学院听萨缪尔森讲数理经济学博士课程的时候，就开始对经济学很恼火。听不太懂，也不感兴趣，总之觉得是可能有道理但没什么实际意义。

据本尼思教授自己回忆，萨缪尔森讲一阵子，就会停下来，问他："沃伦，你听懂了么？"只有沃伦点头后，他才接着往下讲。因为，如果反应最慢的沃伦听懂了，全班同学就肯定都听懂了。

至少沃伦·本尼思同学还有坐在萨缪尔森的课堂上受辱的光荣经历，在下连北大经济系的门都没能进去。

免费赠送·Free Bonus·免费赠送·Free Bonus·免费赠送·Free Bonus·免费赠送·Free Bonus

北工毕业，再弄管理。在中美合办的黄河大学读经济管理系。专业课全是美国教授上课。这些商学院的教授们来了以后第一反应就是：经济管理？你们到底是经济还是管理？对于我来说，肯定是管理。对于别人来说，可能是经济。对于外人来说，我们就是经济管理。毕业前，在40度高温下到中南地区指定考场武汉大学托福"纪阿姨"（GRE）以后，就到了更热的得克萨斯去了。从此，只弄管理。

搞了五年。不算长，也不算短。中间耽误的一年，因为有花絮。上完两年课，并通过博士资格考试后，我的论文开题报告做得也很顺利。在得克萨斯，博士论文开题报告和论文本身都要答辩。我的博士论文指导委员会里，邀请了一位外校的教授。在5个委员一致认为开题报告可以答辩的情况下，我开始陈述。

令所有人意想不到的结果是答辩陷入了令人难堪的僵局。两位资深教授在答辩时越来越清楚地认为当时刚兴起的资源本位企业观,第一不是一个理论,第二难以甚至无法检验。我的校外委员巴尼教授当时是该理论的主要倡导者之一,后来被证明是该理论的首席领军人物,在战略管理学术领域如今绝对与迈克尔·波特比肩,他在我开题报告首次答辩的前一年,1991 年,写的一篇论文迄今已经在 ISI 收录的学术期刊上被引用近 2 000 次。但当时他只是一个外人,得州农工大学的副教授。

我站在那里,当了好一阵子观众,我的老板也很为难。他们没有足够的理由不让我通过。学术之争,本来就是一个学术社区内的社会学问题,跟不同的理论范式相关,跟所谓真理没有必然联系。要是找个经济系的人来,可能我们整个学科都没法儿练了。何况他们事先都同意并认为可以答辩。要么说明他们没有仔细读,要么说明读得不认真。

但争论到这个地步,谁也不愿相让,也就不能让我过去。最后,大家来了个具有创造性的折中办法,既不说通过,也不说没通过,让教学秘书在表格上填了个"答辩委员会建议马浩先生继续工作从而提出一个更具有辩护性的开题报告"。我不知道他们都签字了没有。反正最后的结果是,好像这次答辩从来没有发生过一样!也许,这是得克萨斯商学院历史上绝无仅有的一例。

这一耽误就是一年,1994 年毕业,赶上跌到低谷的就业市场。我流落到一个非研究性大学教书。我同年的一位老美同学甚至没有找到教席,不得不搞行政去。哈佛一位印度老兄,拿了当年最多的 10 个以上学校的面试机会,最后一个也没有去成,实在没有好位置。哈佛自己把他留下了。只有哈佛不怕别人说近亲繁殖。也正是那一年左右,香港地区的,尤其是新加坡的大学,不费吹灰之力,尽得无数内地留美博士加盟效力。

得克萨斯管理系以后的毕业生皆是到一流的研究性大学。有时想来有些撮火,又能怎样?不念在下运气不佳,只怨自己才资愚钝是也。

免费赠送·Free Bonus·免费赠送·Free Bonus·免费赠送·Free Bonus·免费赠送·Free Bonus

在得克萨斯上学,让人感到很大气。

有些电影院里卖散装可乐,有小、中、大、超大杯,然后有得克萨斯号的杯,基本上就得俩手抱着了,跟小桶似的。

奥斯汀校区当年5万多正式注册的学生,列全美第二。每年毕业700多个博士。

以大学为集散地的公交线占市区的大半。我们交的杂费养着公交公司,所以拿学生证到哪儿坐车都免费。

50多个网球场前后左右连成一片,极为壮观。游泳和跳水中心是比照1972年慕尼黑奥运会游泳馆建造的。在游泳馆里,第一次见识什么是桑拿,碰巧了还能跟在那里当跳水教练的前世界冠军李孔政聊两句。

图书馆号称全美第六大。博士生论文阶段可以在里面申请小单间查资料读书。期终考试阶段,图书馆通宵开放。有的学生就睡到里面了。不过如今想想,还是不如北大好。在北大,可以到南门外城隍庙小吃去,还有茴香豆和冰豆浆。

亚洲图书馆的中文收藏,比不上哈佛的燕京,但比国内许多地方,也不差到哪儿去,还有港台的东西。曾经在那里浏览过全套影印版的胡适手稿,翻看过出版成书的陈岱孙和张培刚两位先生在哈佛大学的博士论文。听说周佛海在哥伦比亚大学的硕士论文附录是《共产党宣言》,就想去查看一下,未果。

在商学院读书平淡无奇。最精彩的讲座基本都是外来的。外来的新鲜嘛。英文系一位教授 Betty Sue Flowers 使我相信科学也是一种宗教,让我认识她总结的人类四大神话:英雄、民主、宗教、经济。

以有限理性学说著称的卡内基·梅隆大学西蒙教授来给全体商学院博士生做过一次讲座,我给他看他的中文版《管理决策新科学》,他试图用中文给我题字留念,不仅是题他自己的名字,还要题我的名字。很让我受鼓励。

奥斯汀当年的诺贝尔奖得主据说只有一个半。一个是现在我在北大的同事陈平博士的老板普利高津,半年在比利时。另外一个是物理系和天文系从哈佛挖过来的斯蒂文·温伯格。他也为商学院博士生作过演讲,讲科技政策,很有大师魅力。由他转述的某位得州政客的名言"我们就是要保卫纳税人交的每一分钱,决不惜任何代价!"(We will safeguard every penny of the taxpayers' money, no matter how much it costs us!)我至今还有清楚的记忆。您瞧,好像美国也有国有资产流失问题。

上学真好,能学那么多东西。上了班就没这么多奢侈了。

北大中国经济研究中心去年 10 年庆,请了 10 位诺奖得主来中心访问。我一次也没去成。瞎忙。再说,经济学我也听不懂,甚至感觉跟我没关系。这些老头儿来大都是讲中国改革。我宁愿听中国的不合格的业余经济学家讲中国的事儿。

有几次想看看真人什么样,于是就报名参加在勺园餐厅举行的教授午餐见面会。两次报名,都因人家接受采访或另有安排取消见我们了。我也只能去康博思吃饺子,感觉味道还不错。晚上人家上白家大宅门儿再吃一顿的时候,我因为中午饺子吃得太多,已经不再有食欲。

免费赠送·Free Bonus·免费赠送·Free Bonus·免费赠送·Free Bonus·免费赠送·Free Bonus

1994年春夏之交,我从非常大和大气的得克萨斯一下子就被发配到最小的州罗得岛,一呆就是10年。学会了跟MBA们打交道,也算是为我日后能来北大提供了一个契机。有时候,人根本不知道下一步会飘到哪里。

10年中的主要成就是收藏了5 000张CD。其他好像就没啥了。去罗德岛而没去西雅图旁边的某个学校,不光是工资高点,主要是看波士顿交响乐团方便,而且那时陈佐煌博士也在罗德岛爱乐任总监。有时开车三小时到纽约大都会歌剧院买张站票,看晚戏半夜再开回去。过瘾之极。所以,在各种靡靡之音的麻醉下,10年很快就被消耗了去。

之所以没有玩命写文章,也算是爱惜生命,爱惜自己。洋插队的人群里,有比"中关村57岁现象"更可怕的,可能是"34岁现象",也可能是"43岁现象"的案例。上学的时候,年轻,无亲无友,不知道照顾自己。学习,工作忙了,就不锻炼身体,生活也不规律。毕业后,或早或晚,各种急性病、慢性病开始侵袭。有的人刚博士毕业就倒下,有的人刚拿了终身聘用,就一病归西。最近,听说新泽西某位20年前来插队的成功人士在公园里漫步也能被掉下来的枯树枝砸死。真是离奇。无论如何,返城的开始多了起来。世界革命的中心在中国,这一点大家似乎坚信不移。

在梦里

免费赠送·Free Bonus·免费赠送·Free Bonus·免费赠送·Free Bonus·免费赠送·Free Bonus

谈到世界革命,不能不谈到我办公室对门的邻居。这位老兄,是地道的哈佛人。哈佛学院的本科,读博士是在政府系。在埃索当过政治事务顾问,因痛恨大公司而离去。到我们学校一呆就是三十多年,已经到了退休的年纪。永远穿着同样的衣服,戴着有哈佛校徽的棒球帽,虽然他自己老打着个红蝴蝶结,但是对商学院里西装革履、人模狗样的教授们谁也瞧不起。

因为我穿着随便又是外乡人,他对我免去了一些对待身上散发着铜臭味的讲商学的人本能和特有的怀疑。有一阵子,他见我就要讨论一下布哈林、捷尔任斯基,还向我炫耀他念张国焘名字的发音。过一阵子,就会再把同样的对话,跟我重复一遍,好像怕我忘记。我要是某天没事儿再积极一点,说我比较欣赏基辛格或者布热津斯基的外交学说,他眼里会流露出更加夸张的惊喜,然后骄傲地说,他们两人的课我在哈佛都上过。

作为民主党人,他并不欣赏这两位当年哈佛的老师,但也只是客气地说基辛格的学术都是二手货(derivative),没有什么原创的东西。我告诉他我在得克萨斯上学的时候,在图书馆里闲逛,偶尔读到《外交》季刊上布热津斯基的一篇文章《共产主义之后的民粹主义》,他硬是花了两个小时不让我走,跟我讨论国际共产主义。

临了,还给我讲他在哈佛学习时的故事:一位教授要给他们几个兴趣小组的人一起谈论国际共产主义运动在非洲的蓬勃发展,但必须是在他到哈佛广场那个咖啡馆儿喝完一杯卡布其诺之后。讲完故事就大笑着评论说,这个地地道道的资产阶级混蛋,哈哈哈!我当时估计他不一定能听懂叶先生的故事,也没法儿跟他解释说,小资的最大特色就是"叶公好龙"。

于是,我也给他讲了一个中国小资的故事。过去有一位作家经常在报纸上说要与群众一起同吃同住同劳动,为人民写作。但有一次,一个司机揭发他坐着作协的公车到电影院门口去退文联发的免费电影票,然后下馆子。没想到这位哈佛老兄一脸诚恳地问:"他被划成右派了么?"真是牛人。

顺便说一下,好长一段时间,每当我看到小布尔乔亚这个称呼,我都会以为又是哪个苏联革命小说里的很不够革命的漂亮小姐,原来布尔乔亚竟是英(法)语 Bourgeois 的直译!要我翻译,不是"布诗娃"就是"博儒我"。

再说哈佛老兄。他经常占用我们办公区的共用地盘给学生开会布道。讲人权、流产,支持国际大赦组织,当然还有布哈林、列宁等。他还会希腊语和俄语。我看,学生们有的也心不在焉。他们去的目的很明确,因为他们听学长们说,只要哈佛老头能叫出你的小名,你的成绩起码是 B^+,稍微去听一次小会,就 A^- 了。否则的话,商学院的本科生没有人会在下午5点半去听布哈林的故事。

这位老兄确实对来听的学生很有耐心。当然,学生不来听小会,或者甚至敢不上他的课,他会很生气,后果很严重。有一次,某个学生显然是一个学期都没怎么上课,因为老头根本不认识他。学生问他为什么给他个 F 不让他通过。老头的回答很精彩:孩子,这很简单,因为我们这里不兴给 G! 而你,先生,你的真实成绩是 H!

在梦里

免费赠送·Free Bonus·免费赠送·Free Bonus·免费赠送·Free Bonus·免费赠送·Free Bonus

现在,我两岁多的女儿洁鸥知道,北大有个未名湖。向往北大,因为爸爸的办公室有巧克力。于是,每次来,进屋就先往巧克力的方向瞅。然后就说,我只要一个,好吗?我说,当然。她便美滋滋。

当年52分的我,现在也混进北大了。很受某些熟知内情的朋友们挤兑。甚至有时自己也不能相信。

仿佛在梦里。

免费赠送·Free Bonus·免费赠送·Free Bonus·免费赠送·Free Bonus·免费赠送·Free Bonus

世界的变化很快。我们也跟着变。有人说,当一个人开始怀旧的话,就已经老了。也许是这样。二十岁的时候哪儿都敢闯,什么地儿都敢去。现在干什么事儿得考虑考虑。四张了。

免费赠送·Free Bonus·免费赠送·Free Bonus·免费赠送·Free Bonus·免费赠送·Free Bonus

这么多年,衣服也换了无数件。当年在王府井雷蒙西服店买的第一件西服,很像某种 Saville Row 设计款式的单件上衣,在很多同学记忆里定义我大学时代形象,如今早已经不知去向。但我在1984年国庆阅兵训练时发的那条不起眼的秋裤,至今仍然穿在家里,由我母亲补了好几次。说来也怪,除了小时候的照片外,只有它伴我这么长时间。尔来二十有一年矣。

而我,好像并不是敝帚自珍的人。

我想我会在我老的时候穿着它看《咱们的牛百岁》,1984年的第七届大众电影百花奖获奖故事片。

我发现,从小到大,虽然生活的内容在不断改变,感觉却在很多节点上惊人地相同。有时,仿佛恍然隔世,在梦里,却又能够非常真切地意识到甚至伸手抓住某种感觉和意境,并发誓原来在哪儿见过,就在刚才原封不动地重复了。也许,生命就是一种在一个特定时间段内无休止地重复,需要我们去赋予她意义。而我们又通常缺乏足够的想象力。至少于我是这样的。

我在17岁中学毕业的时候曾写过如下几句:

> 十载学涯竟逝去
> 万里征程奔腾急
> 举首高属千山远
> 回眸笑看岁往昔

到了21岁大学毕业时,实在没有什么新的冲动,于是把中学时写的这几句又拿来抄录了一遍,只不过将十载改成了四载而已。

时至今日,我发现我的生命历程好像一直在实践当初这几句似乎不经意的经意。

所以,此时再抄录一遍,接着奔前去。

四十华年

奔腾

举首

回眸

仿佛在梦里,在梦里……

后 记

又和读者诸君见面了,心里充满敬意和感激,同时觉着自己脸皮又厚了几许。这么粗糙的文笔、琐碎的唠叨、平庸的叙议也敢摆出来当玩意儿?!不瞒您说,在下自己也是这么嘀咕的。没办法,实在是瘾头上来刹不住车,《决策就是拍脑袋》好不容易刚刚有几位观众捧场,咋能就停演休息?何况,在下鼓足勇气、增厚脸皮,也挺不容易呢,心里斗争很激烈,过程很痛苦。还是让我给您续上吧。

如果我没有记错的话,我发现自己是从写《竞争优势:解剖与集合》的时候开始有白头发的。到了《决策就是拍脑袋》的时候,就像该书后记里说的已经"鬓露白丝"了,并且,即使拍脑袋,头顶上也拍不到几根毛了。可见,读书、写书是摧残性命的事儿。于是,就想偃旗息鼓。可是看到中国那么多老作家尽享高寿,又受到某种恩惠,猜想是不是写作的煎熬能帮助人"内练一口气",从而强健筋骨皮。想到这里,又有点跃跃欲试。谁不想多活几年呢?白头发算啥?

可是仔细一想,那些高寿的老作家们,很多在几十年前就已经基本上由于各种原因自愿或者耿耿于怀地歇笔了,但仍然被称为文坛宿将或者文学大师。这倒让我想起最近听到的某位同行的感慨:"出名一定要早,一辈子吃香喝辣。"于是,就有些懊恼,自己咋就不是一个神童?即使仲永必伤,泯然于众,也毕竟曾经风光无尽。同时,也郁闷自己二十多岁的时候咋就一事无成,不能像科斯那样,一篇文章就足以胜过他人著作等身,老来还能得诺奖。多么令人羡慕的一生!

可是再仔细一想,少年多才有成,并不一定就平安一生。《辕门斩子》中,杨六郎唱道:"甘罗十二为宰相,周瑜年少为将才,小奴才(杨宗保)虚度二十载⋯⋯"看看周瑜,无论如何风流,也未能有机会去享受吟咏"老夫喜作黄昏颂,满目青山夕照明"的乐趣。瑜之灭不在于瑜亮俱生,而在于瑜少年气盛。

贾平凹也曾说,一个人一辈子能写出的东西是一定的,早写完,后面就没有了。也许,莫扎特把该写的曲子都写了,才被上帝招回去。

还有一样,即使少年有才,可劲儿折腾,也不一定出名,或有所成。马勒的音乐作品,在其身死之后才逐渐被人理解和崇敬,为其带来传世英名。布鲁克纳也只是在晚年才听到几声真正热烈的掌声。当然,还有一点需要澄清:虽然你的折腾不一定能让你早出名,但如果你不去折腾,你大概出不了名。

您瞧,本来说的是白头发的事儿,不知怎的,就扯到出名上了,并且还离不开出名了。其实,出名是扯淡的事儿。我们很多人每天都盼望着出名,期待着挣钱、掌权、体面,准备着将来过好日子。而好日子就在我们的盼望、期待和准备中一天一天溜走了。这就是生活。

还好,我们这代人是在类似"回首往事,不因碌碌无为而羞耻,不因虚度光阴而悔恨"等革命口号的洗礼下长大的。所以,生命不息,战斗不止。接茬儿练,继续写。其实,写不写都会有白头发,年届不惑了嘛,怕啥?!

后记

　　收在这里的文字,都是在《决策就是拍脑袋》出版之后完成的。一部分文章发表于我在《经济观察报》商业评论版开的管理专栏。还有部分文章曾由《北大商业评论》、《21世纪商业评论》、《商学院》等报刊经过编辑或删减后发表,在本书中又恢复原貌。全书编排松紧搭配,讨论内容由实渐虚,文字风格从准专业到杂文随笔、街谈巷议。

　　在本书付梓之际,感谢《经济观察报》商业评论版主编方军先生邀请我在该报开专栏并给以鼎力支持,同时也感谢《北大商业评论》薛玺成编辑的帮助和支持,感谢北京大学中国经济研究中心北大国际MBA公关部余楠女士对本书中一些文章的推介。

　　我十分感谢北京大学出版社的同仁对我的关照和礼遇,尤其是经济管理事业部林君秀老师的支持。我的责任编辑,张燕女士,在本书的写作和出版过程中给予我极大的帮助和鼓励。她的辛勤劳动,为本书增色不少,更使得这本书能在新春伊始与读者见面。我向她深表谢意和感激。

　　我一如既往地感谢我所有的家人、亲属和朋友对我的关心与支持;感谢我所有的老师、同事和学生对我的教诲、批评、鞭策和鼓励,在与他们的交流中,我学到了很多东西。家庭生活的美满令我甚感快慰和惬意。妻的爱、理解和支持使我深深地感到温暖和欣喜。我们的女儿洁鸥和儿子祥鹤给我们带来无限的欢乐和对生活的感激。在他们身上,我看到未来和希望。我把这本集子献给他们,希望他们茁壮成长,快乐健康。

　　读好书是一种享受。希望您能尽情地享受这本书,并邀请您的亲戚、朋友、同事、伙伴、老板、下属一同参与这种享受。只有您尽情地享受了,我才能有点儿小小的享受。

让享受来得更猛烈些吧!

中原人　谨识

春田·伊利诺伊

2005 年 11 月 22 日感恩节前夕

作者简历

作者简历

马浩,男,汉族,1966年2月4日生于河南省郑州市。1972年至1978年就读于郑州市福寿街小学。1983年毕业于郑州市第四中学。同年9月入北京工业学院(现北京理工大学)工业管理工程系企业管理专业学习,于1987年毕业并获管理工程学士学位。1987年9月至1989年1月就读于位于郑州的中美合办黄河大学经济管理专业研究生班,毕业后留校任教。1989年秋赴美留学,入得克萨斯大学奥斯汀校区(The University of Texas at Austin)商学院管理系,师从戴维·杰米森(David B. Jemison)教授,于1994年毕业,获战略管理学博士学位(Ph.D. in Strategic Management)。

1994年秋季,受聘于美国东部罗得岛州博然特商学院(Bryant College)管理系,任助理教授,2000年晋升副教授并获终身聘用,于2005年春季学期末辞职离任。曾于2001年至2002年带职休假,任香港科技大学组织管理系访问学者,并在北京大学光华管理学院和上海中欧国际工商学院任短期访问教授,讲授MBA管理学课程。2002年至2003年,受聘于北京大学中国经济研究中心,任兼职教授。2004年正式加盟北大,任中国经济研究中心管理学教授,北大国际MBA(BiMBA)教授兼EMDA项目主任。2005年任美国伊利诺伊大学春田校区商学院管理学教授。

主要研究领域是企业的经营战略管理,尤其是竞争优势的实质和起因、竞争动态分析、多头市场竞争与合作战略、企业创新管理和企业领导决策模式等。已经在美国《管理学会评论》(Academy of Management Review)、《创业学期刊》(Journal of Business Venturing)和《国际管理杂志》(Journal of International Management)等学术研究型刊物，以及《组织动态》(Organizational Dynamics)、《商业地平线》(Business Horizons)和《管理决策》(Management Decision)等管理应用型刊物上发表十余篇英文论文。数次获得美国东部管理学会和美国竞争力学会的最佳论文奖，学术论文被战略管理学领域里若干主要英文教材引用，或被收入哈佛商学院案例库。

学术专著《竞争优势：解剖与集合》(Competitive Advantage: Anatomy and Constellation)英文版由北京大学出版社于2004年9月出版，其修订中文版由中信出版社于2004年11月出版。另由中信出版社于2005年9月出版管理学随笔集《决策就是拍脑袋》，2005年12月出版译著《管理大师的忠告》。与北京大学出版社签约的北京大学专业核心课立项教材《战略管理精要》将于2006—2007学年出版，正在编著的教材《决策理论文献汇编》也将于2006年出版。中文管理学短文、随笔和书评见诸《北大商业评论》、《21世纪商业评论》、《商界：中国商业评论》、《商学院》、《商务周刊》、《周末画报·财富版》、《第一财经日报》和《中华读书报》等。2005年10月起应邀为《经济观察报》商业评论版撰写管理专栏。

主要讲授课程包括战略管理总论、竞争与合作战略、企业创新管理与创业学、管理决策分析、管理学基础、组织行为学和竞争力的微观经济学基础等。教学信条是谋求这样一种平衡：理论分析的严谨、明晰和强劲以及理论对管理实践的相关、贴切与契合。教学方法包括专题演讲、案例分析、小组研究、模拟游戏、讨论点评等。近年来校外承包专题研究项目、管理咨询项目以及高级经理培训项目客户或授课对象包括：新泽西州立大学管理发展中心、世界银行外国投资咨询服务局(FIAS)、安海斯－布希(中国)、辉瑞(中国)、惠普(中国)、爱立信(中国)、香港邮政总局、泰康人寿保险公司、珠江房地产开发公司、《精品购物指南》和河南移动通信等。

家住海淀郊区，育有一子一女。家庭美满和睦，贤妻聪慧美丽。工作紧张繁忙，业余生活有趣。阳春白雪经典，下里巴人俗艺。非学术兴趣包括一知半解地欣赏交响乐(以马勒、布鲁克纳作品为主)，装模作样地去看歌剧、话剧、京剧、豫剧、河北梆子和曲艺。潜心收藏音乐CD十年，不慎耽误一流论文大批。关注当代中文小说，也读某些杂文随笔。自感偏爱网球，偶尔游泳，不过三天晒网，两天打鱼。间或书法，少见功力。甚爱美食，诱惑难拒。喜好喝茶，但不精细。亦愿品酒，而量不济。身宽体胖，心旷神怡。年届不惑，小感危机。人说生命始自四十，听后感觉十分欢喜。充满生机和希望地往前走，相信美丽地走着便是人迹。